MännerschwarmSkript

SchwulLesbische Studien Bremen – WerkstattTexte
MännerschwarmSkript Verlag

SchwulLesbischen Studien Bremen

WerkstattTexte

Band 1
Frank Schemmann: Ich bin HIV-positiv.
Wie schwule Männer ihre Infektion verarbeiten
1996

Band 2
Andrea Thamm: Tabuzonen lesbischer Sexualität
1997

Band 3
Joachim Schledt: Die Sozialisation zur schwulen Identität
1997

Band 4
Kirsten Plötz: Einsame Freundinnen?
Lesbisches Leben während der zwanziger Jahre in der Provinz
1999

Kirsten Plötz
Einsame Freundinnen?

Lesbisches Leben während
der zwanziger Jahre in der Provinz

MännerschwarmSkript Verlag
1999

Die Autorin: Kirsten Plötz (geb. 1964) studierte Geschichte und Politik an der Universität Hannover. Sie arbeitet an einer historischen Dissertation über 'alleinstehende' Frauen. Sie lebt in Hannover.

Die Autorin der Vorrede: Hannelore Cyrus (geb. 1935) studierte Sozialpädagogik und Sozialwissenschaften mit den Abschlüssen Diplom und Promotion. Sie ist Lehrbeauftragte an der Universität Bremen. Zahlreiche Veröffentlichungen zu den Schwerpunkten Kriminologie und Frauenforschung.

Die **WerkstattTexte** sind eine autonome Schriftenreihe innerhalb des Verlagsprogramms von MännerschwarmSkript. Sie werden herausgegeben vom Institut für SchwulLesbische Studien, Universität Bremen, Fachbereich 8, Postfach 330440, 28334 Bremen.

Die Deutsche Bibliothek - CIP-Einheitsaufnahme
Plötz, Kirsten: Einsame Freundinnen? : lesbisches Leben während der zwanziger Jahre in der Provinz / Kirsten Plötz. - 1. Aufl. - Hamburg : MännerschwarmSkript-Verl., 1999
(WerkstattTexte / SchwulLesbischen Studien Bremen ; 4)
ISBN 3-928983-64-4

Kirsten Plötz: Einsame Freundinnen?
Lesbisches Leben während der zwanziger Jahre in der Provinz
mit einer Vorrede von Hannelore Cyrus
© MännerschwarmSkript Verlag, Hamburg 1999
Umschlag: Christian Henjes, Hamburg
Druck: Interpress, Ungarn
1. Auflage 1999 — ISBN 3-928983-64-4

SchwulLesbische Studien Bremen - WerkstattTexte Bd. 4
ISSN 0949914

MännerschwarmSkript Bartholomae & Co
Neuer Pferdemarkt 32 • D - 20359 Hamburg
Telefon: 040 - 4302650 • Telefax: (040) 4202932
http://www.maennerschwarm.de

Inhalt

Vorwort (SchwulLesbische Studien Bremen) . 7

Vorrede (Hannelore Cyrus) . 10

Einleitung 15

Erstes Kapitel
Die moderne, homosexuelle Frau . 21

Zweites Kapitel
Provinzielles Leben im Spiegel der Zeitschriften für Freundinnen
Die Zeitschriften - Darstellungen des "provinziellen" Lebens - Kontakte per Kleinanzeigen 30

Drittes Kapitel
Subkulturelle Räume
Lokale - Organisationen - Treffpunkte von Barmen-Elberfeld bis Zwickau 54

Viertes Kapitel
Eine Lehrerin in Geestemünde konfrontiert sich mit der Idee der Homosexualität
Der Kreis der Freundinnen - Vom Ermittlungsfahren bis zur Zwangspensionierung 86

Schlußbemerkung . 104

Literatur . 106

Vorwort der Herausgeber

Dieses Buch informiert uns über einen Teil lesbischen Lebens, der unserem Einblick doppelt fernliegt: die 1920er Jahre und die Provinz. Wie existierten damals frauenliebende Frauen abseits der Metropolen, wie fanden sie zueinander? Was wir kennen sind Berichte über Berühmtheiten (etwa des Bloomsbury-Zirkel, den Kreis um Gertrude Stein in Paris) und andere Künstlerinnen. Aber eine Geschichte des lesbischen Alltags ist bislang nicht geschrieben - Kirsten Plötz fängt damit an.

Die zwanziger Jahre sind Legende. Historisch eingezwängt zwischen Kaiserreich und Nazizeit gelingt ein tiefes Atemholen und ein Aufschrei der Freiheit. Die Epoche nach dem zweiten Weltkrieg hat dergleichen nicht gewagt; über zwei Jahrzehnte wurde rekonstruiert und restauriert. Um so heller erstrahlte der Stern jener ersten Nachkriegszeit, die treffender wohl als Zwischenkriegszeit einzuordnen ist. Vermutlich werden die zwanziger Jahre (the roaring twenties) verklärt. Die sich anschließende lange Ohnmacht der homosexuellen Frauen und Männer - sie dauerte bis etwa 1970 - verleitet dazu. Beispielsweise werden gelegentlich genannte hohe Auflagenziffern subkultureller Zeitschriften zum Anlaß genommen, an ein reichsweites Kommunikationsnetz der lesbischen und schwulen Massen zu glauben. Eine Nachprüfung der tatsächlichen Verbreitung existierte jedoch noch nicht, so daß mir die eine oder andere Null in sechsstelligen oder fünfstelligen Verkaufsziffern als eingeschmuggelt erscheinen will. Auch heute möchten wir doch gern als viel zahlreicher erscheinen, als wir tatsächlich sind, nicht wahr? Jedenfalls macht ein gut besuchter Faschingsball noch keinen gleichgeschlechtlichen Sommer.

Als "Provinz" faßt Kirsten Plötz alles außerhalb von Berlin auf (und berechtigterweise benutzt sie den Begriff stets Anführungszeichen). Tatsächlich waren hier die Lebenschancen für Lesben und Schwule zu jeder Zeit Spitze. Von der deutschen Hauptstadt aus gesehen war der Rest des Landes eben "Provinz"; die Sandwüste beginnt ja auch an der Stadtgrenze. Deutschland wies zwar keine weitere wirkliche Metropole auf (weder Hamburg noch Köln waren damals, was sie heute sind). Aber es kann für Lesben keine Brache gewesen sein. Solange keine kommunalen Geschichten vorliegen, müssen wir das auf indirekte Weise erschließen. Etwa aus einem zunächst unscheinbar wirkenden Detail wie diesem: In lesbischen Zeitschriften wie "Die Freundin" wurde München seltener erwähnt als etwa Bielefeld oder Weimar. Das liegt sicherlich nicht daran, daß in Bielefeld und Weimar mehr los gewesen wäre als in München. Vielmehr verfügten die größeren Städte Deutschlands über eine eigene lesbische Subkultur; die hier lebenden Lesben mußten sich nicht mit Druckerzeugnissen aus Berlin begnügen.

Bei aller Herausgehobenheit Berlins - auch international als Welthauptstadt der Sexualwissenschaft bis zum Ende der 1920er Jahre - war Deutschland nie ein zentralistisch organisiertes Land. Was heute als Föderalismus oder Regionalismus gelobt wird und früher Kleinstaaterei verunglimpft worden ist, hat eine kulturelle Vielfalt hervorgebracht, die auch in sexualibus ihresgleichen suchen dürfte.

Die bewegende Geschichte der Anna Philipps spielt in der deutschen Provinz. Die Gymnasiallehrerin lebt in Geestemünde, einer Mittelstadt, die später in Bremerhaven aufging. Die Aufsichtsinstanz sitzt in Hannover, und die Disziplinarmaßnahmen werden mit durchaus großstädtischer Geduld getroffen. Wäre allerdings das Frl. Philipps nicht so eine besondere Person (sie ist ja alles andere als repräsentativ), dann besäßen wir keine Dokumentation des Falles. Was er zumindest widerlegt, ist das Klischee von den angepaßten, grauen Mäusen, welche angeblich die Provinz bevölkern.

Kirsten Plötz deutet in ihrer Schlußbemerkung an, woran ihrer Ansicht nach die Lehrerin gescheitert ist und worauf die Isolation der Provinzlesben beruhe: Das Selbstverständnis der Artgenossinnen habe überscharf zwischen normalen und homosexuellen Frauen getrennt und sich selbst einer stigmatisierten Minderheit zugerechnet. Hierin möchte ich unserer Autorin nur nach einer Präzisierung zustimmen. Wer von den dominanten Strömungen der Gesellschaft als abartig und untragbar angesehen wird, kommt überhaupt nicht darum herum, sich als Minderheit zu organisieren und um die Anerkennung der Rechte als BürgerIn des Gemeinwesens zu kämpfen. Der Kampf strengt an, macht Schmerzen und fordert gelegentlich Opfer. Anna Philipps wurde zum Opfer weniger ihrer Idiosynkrasien, sondern letztlich der Ausgrenzung von Lesben. Denn sie beharrte darauf, entgegen dem Vorurteil ihre Schülerinnen nicht zu gefährden; sie wollte eine genauso gute Lehrerin sein wie alle, und nicht als Verführerin dastehen. In der Tat, hier hat Kirsten Plötz recht: es fällt schwer, als gleichgeschlechtlich liebender Mensch die unauffällige Mehrheit von seinen allgemeinen Qualifikationen zu überzeugen, m.a.W. das Andere und das Normale in der Selbstdarstellung auszubalancieren.

Bremen, im April 1998   Für die SchwulLesbischen Studien
Rüdiger Lautmann

Vorrede

Kein Strafgesetz bedroht die lesbische Liebe. Doch es ist noch gar nicht so lange her, daß sie einer gesellschaftlichen Ächtung unterlag, die, von Unwissenheit und Unkenntnis begleitet, ihren Ausdruck in Psychiatrisierung, Diskriminierung oder radikaler Nichtbeachtung fand. Auch frauenbewegte Frauen waren, wenn sie ihnen begegnete irritiert oder reagierten mit Vorurteilen und Ressentiments. Keine Hetera hätte ihren Fuß in eine Lesbenveranstaltung gesetzt und in Frauenveranstaltungen, in denen Probleme lesbischer Lebensweise angesprochen wurden, waren Ratlosigkeit, betretenes Schweigen, Spott oder Ablehnung die hilflosen Antworten. Lesben, so die Furcht, diskreditierten eine Bewegung, die um gesellschaftliche Akzeptanz rang und ihre Marginalisierung abstreifen wollte.

Erst im Berlin der 68iger Jahre entwickelte sich eine Szene, in der es dazu gehörte, lesbisch zu lieben oder die Liebe zum eigenen Geschlecht als Weg der Selbstverwirklichung zu proben. Zeitungen wie *Unsere kleine Zeitung (UKZ)* und die *Lesbenpresse* und die ersten Aufsätze in Zeitschriften und Kalendern der Frauenbewegung unterstützten diese zunächst tastenden Versuche und trugen dazu bei, daß der Diskurs zwischen Frauen, die Frauen lieben und Frauen, die Männer lieben eröffnet wurde, mit dem durchaus verblüffendem Ergebnis, daß den heterosexuellen Frauen der Fehdehandschuh hingeworfen wurde. „Frauen denkt daran, daß weibliche Heterosexualität heilbar ist", schrieben Lesben ihren auf Männer fixierten Kampfgenossinnen ins Stammbuch. Selbstbewußt stellten sie innerhalb der Frauenbewegung die Machtfrage, überzeugt, daß der Feminismus in der lesbischen Lebensweise seinen wahren Ausdruck besitzt. „Feminismus ist die Theorie,

Lesbianismus die Praxis" war der einprägsame Slogan, der einige Verstörung auslöste. Er bescherte der Frauenbewegung einen Konflikt, der noch heute schwelt.

Freilich täuscht der die Frauenbewegung in Atem haltende Streit, gesellschaftlich betrachtet ein marginaler Diskurs, und der zu beobachtende gesellschaftliche Wandel mit der neuen Libertinage und den neuen Erklärungsmodellen für die gleichgeschlechtliche sexuelle Orientierung darüber hinweg, daß der lesbischen Lebensweise noch immer der Hauch des Unanständigen und des Perversen anhängt und daß die Lesbe, das lesbische Paar Außenseiterinnen der Gesellschaft sind und vice versa sich auch als solche fühlen und danach ihr Handeln ausrichten. So leugnen noch heute viele Frauen, auch frauenbewegte Frauen ihre sexuelle Präferenz oder verbergen sie, oder leben ihre Liebe zu Frauen, scheuen aber den Schritt aus der Verborgenheit ihres Privatlebens in die Öffentlichkeit.

Da werden Erinnerungen an eine frühere Zeit größerer Libertinage wach. Es waren die unruhigen Jahre der Weimarer Republik, in der über die gleichgeschlechtliche Liebe laut diskutiert wurde, in der es die berühmte Berliner Szene gab und kecke Lesben, die ihre Lebensweise öffentlich machten. Dieser neue Umgang mit einer diskreditierten Lebensweise, läßt leicht vergessen, daß viele Frauen der Frauenbewegung, unter ihnen Lida Gustava Heymann und Anita Augspurg, es für besser hielten, über ihr Leben jenseits der Norm und über ihr sexuelles Begehren zu schweigen, und daß diese „großen" Frauen viele tausend „kleine" Schwestern hatten, die ihre Liebe zu Frauen verheimlichten oder sie leugneten.

Es ist das Verdienst von Kirsten Plötz, sich in ihrer Magisterarbeit, auch wenn sie an das bekannte, retrospektiv als großartig empfundene und an das öffentliche, identitätsstiftende Leben von Lesben in der Berliner Szene erinnert, mit den unbekannten Schwestern von gestern zu befassen und ihr Hauptaugenmerk auf das bisher noch nicht Untersuchte, auf das weniger Augenfällige und Schrille, auf das Kleine und das Kleinkarierte in der „lesbischen Provinz", auf Lesben in der Provinz zu richten. Mit Provinz bezeichnet die Autorin wie die Protagonistinnen von damals einen Raum, zu dem alles außer Berlin gehörte, auch jene größeren deutschen Städte, denen es an Clubs, Kontaktzentren und Geselligkeit nicht gänzlich mangelte, in denen aber doch das Private und das Heimliche überwog, in denen sich Frauen in ihren Gefühlen nicht mitteilen konnten und über Einsamkeit und Isolation klagten. So entnehme ich dem Begriff Provinz nicht nur eine räumliche, sondern auch eine geistige Dimension, die als Enge des Denkens auszubuchstabieren ist und Handlungsspielräume begrenzt.

Die empirische Basis der historischen Arbeit bilden „Zeitschriften für Freundinnen", wie „Frauenliebe", „Frauen Liebe und Leben", „Garçonne" und insbesondere „Die Freundin", als die auflagenstärkste, am weitesten verbreitete und am längsten existierende Zeitschrift. Ihnen entnimmt Kirsten Plötz die Hinweise auf Treffpunkte und Veranstaltungen für Lesben und die Anzeigen von Frauen aus kleineren und größeren deutschen Städten, in denen diese ihr Interesse an Clubs und geselligen Zirkeln, an Gedankenaustausch oder an Kontakten zu Gleichgesinnten bekundeten. In diesen Leserinnenbriefen und in Kleinanzeigen, wie die Autorin in ihrer Auswertung veranschaulicht, verliehen die Frauen nicht nur ihren Wünschen, Sehnsüchten und Hoffnungen Ausdruck, sondern sie machten auch mit ihren Irritationen und Unsicherheiten bekannt, die durch die neuen sexualwissenschaftlichen Kenntnisse nicht geringer geworden waren. Wie sehr das Lesbischsein, trotz Berlin und größerer Aufklärung von den Betroffenen als „andersartig" oder auch als „abartig" empfunden wurde, wird mehr als deutlich in dem Kampf der Studienrätin Anna Philipps „Um Ehre und Recht", den die Autorin akribisch nachzeichnet.

Damit sind auch die beiden Schwerpunkte der Arbeit angedeutet: Die systematische Auflistung von Informationen mit der Auswertung von Kontaktanzeigen und der Fall der Anna Philipps in einem weiblichen Beziehungsgeflecht, in dem sich die gesellschaftlichen Bedingungen der Ächtung, der Verachtung und der Tabuisierung homosexueller Existenz in besonderer Weise spiegeln. Sie bestimmten die Ängste, Verwirrungen, Unsicherheiten und die Leugnung des als unstatthaft empfundenen sexuellen Begehrens und begründeten die wechselseitigen Beschuldigungen auf homosexuelle Aktivitäten, unter denen die einstige Freundschaft und das kollegiale Miteinander der beteiligten Lehrerinnen zerbrach. Anna Philipps manövrierte sich in eine Situation, in der sie sich in ihrem Bemühen um Rehabilitation hinter der biederen Maske der Normalität verschanzte, jedes Lesbischsein leugnete und von Zorn und Eifer getrieben zur „Querulantin" und zu einem weiblichen Michael Kohlhaas wurde.

Kirsten Plötz liefert hier gewiß ein Extrembeispiel für provinzielles Denken und Handeln, das bis zur Vernichtung der beruflichen Existenz ging und zu einem Kampf gegen jede Duldung oder gar Akzeptanz von Homosexualität betrieben wurde. Doch liegt diesem Denken und Handeln eine Sexualmoral zugrunde, die nicht nur in den Köpfen von Frauen in der Provinz beheimatet ist, mag sie dort auch die meisten Anhängerinnen haben, sondern auch in den Köpfen von Großstadtfrauen spukt. Wenn wir uns heute auch kaum noch den Fall einer Anna Philipps vorstellen können, so gehören doch noch immer auf der Grundlage virulenter Sexualmoral und verquälter Sexualfeindlichkeit, Heimlichkeit und Leugnung zur lesbischen Lebensweise.

Das Private ist politisch, erklärte Alice Schwarzer, hob mit leidenschaftlichem Engagement und großer Überzeugungskraft die politische Dimension der privaten Existenz hervor und kreierte damit das neue Losungswort der Frauenbewegung. Es war eine Erkenntnis, die Alice Schwarzer freilich nicht, aus heterosexuellen Zwängen befreit, zu einem coming out zu bewegen vermochte. Dieses Privatissimum hatte für sie nichts in der Öffentlichkeit zu suchen. Doch Liebe, Sexualität und insbesondere jene Lebensformen, die aus der Norm herausfallen, sind ein Politikum ersten Ranges. Sie zu verbergen oder zu verleugnen, heißt die gesellschaftlichen Etikettierungen und Stigmatisierungen mitzuverantworten und sich an ihrer Aufrechterhaltung zu beteiligen.

In dem Übersehen, Verkennen oder Leugnen der politischen Dimension lesbischer Existenz treffen sich die „großen" und die „kleinen" Lesben von gestern mit jenen von heute. Sie garantieren damit die Kontinuität eines Denkens, in dem die gesellschaftlichen Zwänge und die moralischen Imperative von der Vergangenheit über die Gegenwart in die Zukunft transportiert werden oder anders ausgedrückt, in dem sich das ewig Gestrige mit dem Heutigen verbindet, um auch im Morgigen weiter zu leben.

Hannelore Cyrus

Einleitung

In den zwanziger Jahren traten sie erstmals massenhaft auf: Frauen, die sich selbst *Freundinnen, Artgenossinnen, Skorpiongeborene* und *Bubis* bzw. *Damen* nannten - kurzum: sich als modern und homosexuell verstehende Frauen. Ihr Aufbruch war bemerkenswert. Innerhalb weniger Jahre erschufen und unterhielten sie eine weit verbreitete Sub- und Gegenkultur mit unzähligen Lokalen, eroberten sich zu Tausenden ihren Platz in großen Organisationen der gleichgeschlechtlich Liebenden und unterhielten eigene Zeitschriften, über deren Auflagenhöhe Herausgeberinnen heutiger Lesbenzeitschriften vor Neid erblassen könnten.

Ihrem Selbstverständnis entsprechend, waren sie dabei vielfach schwul lebenden Männern, ihren *Artgenossen*, verbunden und engagierten sich für die Aufhebung des § 175 StGB, der sexuelle Beziehungen zwischen Männern mit Strafe bedrohte. Für Frauen galt der Paragraph nicht, doch war eine Ausdehnung auf sie wiederholt in der Diskussion[1] und wurde als Gefahr wahrgenommen[2]. Damit, daß sie den § 175 nicht nur als ungerecht, sondern als veraltet oder gar "verrostet"[3] empfanden, entsprachen sie einer weit verbreiteten Auffassung von Modernität; die alten Vorstellungen von Sitte und Moral wurden in vielen Lebensbereichen in Frage gestellt. Ob DaDa, das Dessauer Bauhaus, die Verbreitung der Kinos und

---

[1] Zur Geschichte der strafrechtlichen Verfolgung vgl. z.B. Hänsch 1989 und Hutter 1992

[2] Vgl. z.B. "Gleichgeschlechtlichliebende Frauen" in Freundin 3 (1927), Nr. 15 sowie "Meinungsaustausch über Tagesfragen" in Freundin 3 (1927), Nr. 24 und schließlich "Junggesellin und Junggeselle" in Garçonne Jg. 1931, Nr. 3, S. 1-4. Da in der Zeitschrift "Freundin" keine Seiten numeriert sind, habe ich mich entschieden, die jeweiligen Überschriften anzugeben.

[3] "Gleichgeschlechtlichliebende Frauen" in Freundin 3 (1927), Nr. 15

der neuen Tänze, Proteste gegen den § 218 StGB oder die neu entstehenden Sexualberatungsstellen: vieles war im Umbruch oder wurde zumindest leidenschaftlich öffentlich diskutiert.[4]

Nüchterne Menschen, die sich in ihrem Verhalten an die Erkenntnisse der Wissenschaft hielten und während Arbeit und Freizeit souverän mit dem modernen Alltag umgehen konnten, wurden in den zwanziger Jahren zum Vorbild.[5] Eine besonders starke Veränderung erfuhr das Frauenbild; die "Neue Frau" war in aller Munde. Sie trug einen Bubikopf und saloppe Kleidung,[6] war eine Intellektuelle, die - wie Marlene Dietrich - Männerkleidung anhatte, eine Fabrikarbeiterin, die ihren Haushalt rationalisierte und möglichst wenig Kinder hatte, oder eine der vielen jungen Frauen, die in dem für Frauen neuen Beruf der Angestellten arbeiteten. Publikationen über Ehe, Mutterschaft und Sexualität erreichten eine bislang unbekannte Popularität und Auflagenhöhe. Eine Sexualreformbewegung entstand, die sich zum Ziel setzte, die Abtreibung zu legalisieren; auch Verhütung, Sexualerziehung, "eugenische Gesundheit" und das Recht der Frauen auf sexuelle Befriedigung (heterosexuell und penetrationsfixiert) wurden propagiert.[7]

Von diesen Ideen wurden keineswegs alle Menschen gleichermaßen berührt. Vielmehr stellt sich die Frage, in welchen Bereichen, bei welchen Menschen sie Bedeutung erlangten. Auch lesbisch lebende Frauen teilten nicht in gleicher Weise das Selbstverständnis und einen Zugang zur Subkultur. Abgesehen davon, daß etliche Frauen sich nicht mit dem Konzept der Homosexualität anfreunden wollten bzw. konnten, zeigen

---

[4] Vgl. z.B. allgemein zu den Zwanziger Jahren Kolb ³1993; zur Kunst und Kultur besonders S. 92-106. Zur Massenkultur vgl. auch Maase 1997
[5] Zur Bedeutung der Wissenschaft und Rationalisierung vgl. Grossmann 1985
[6] Vgl. Frevert 1984, S. 171
[7] Vgl. Grossmann 1985, S. 42f

z.b. die Interviews, die Ilse Kokula führte,[8] eindringlich, welche Auswirkungen Armut - durch die Weltwirtschaftskrise ab 1929 weit verbreitet - auf Kontakte mit anderen *Artgenossinnen* haben konnte. Für den Zugang zur Subkultur war es außerdem entscheidend, in welchem Ort die Frauen lebten. "Gerade wir Frauen in der 'Provinz'", führte 1931 "Colonia" aus, "müssen ja so vieles entbehren an Anschlußmöglichkeiten und Gedankenaustausch mit Gleichgesinnten. Vielleicht geht einmal von Berlin aus ein Aufruf zu einem Zusammenschluß oder eventuell Gründung eines Korrespondenzzirkels, in den einzelnen Großstädten sind ja schon manche Ortsgruppen, aber in wie vielen kleinen Städten ist noch alles ungetan."[9]

Berlin war während der zwanziger Jahre in Deutschland das Zentrum der lesbischen Welt.[10] Möglicherweise ist das der Grund, weshalb sich Forschungen über lesbisches Leben der Weimarer Republik auf diese eine Stadt konzentrieren. Ob in den grundlegenden Arbeiten von Ilse Kokula, in Adele Meyers Veröffentlichung über Damenlokale oder in Claudia Schoppmanns Darstellung des Hintergrunds lesbischer Literatur und in diversen anderen Studien - fast hat es den Anschein, als ob beispielsweise weder in Hamburg noch in Dresden oder Essen bemerkenswertes lesbisches Leben pulsierte.[11] Eine Studie über lesbisches Leben in der Weimarer Republik außerhalb von Berlin - von *Artgenossinnen* häufig kurzerhand als "Provinz" bezeichnet - stand bisher aus.[12]

---

[8] Kokula 1986
[9] "Die Freundin hat das Wort" in Freundin 7 (1931), Nr. 50. Es war nicht ungewöhnlich, Leserinnenbriefe unter einem Pseudonym zu veröffentlichen.
[10] Vgl. Kokula 1984, S. 150
[11] Als bedeutende Ergebnisse der Lesbenforschung sind hier v.a. zu nennen: Kokula 1983, 1984, 1986 sowie Meyer (Hg.) 1981 (neuere Auflage: Berlin 1994), Schoppmann 1985 und 1991. In aktuelle Arbeiten bieten die "Mitteilungen der Magnus-Hirschfeld-Gesellschaft einen Einblick.
[12] Auch einige regionalgeschichtliche Studien sind erschienen, die sich jedoch auf Männer konzentrieren und eher nebenbei *weibliche Homose-*

So entschloß ich mich, selbst zu forschen, und schrieb darüber, angelehnt an die Geschlechtergeschichte[13], meine Magisterarbeit. Ausgehend von der überragenden Position Berlins, faßte ich alle Orte der damaligen Republik als "Provinz". Mit der Verwendung dieses Begriffs orientiere ich mich an gängigen Deutungen, drücke jedoch meinerseits keinerlei Geringschätzung aus.

Zentral war für mich die Frage, wie sich das damals moderne lesbische Selbstverständnis auf jene Frauen auswirkte, die nicht in der schillernden Metropole Berlin lebten. Wie attraktiv war dieses Selbstverständnis? Wer hatte teil an der neu entstehenden Sub- und Gegenkultur? Wie machte es sich bemerkbar, wenn sie keinen Zugang zu den Lokalen, Organisationen und Zeitschriften hatten?

Diesen Fragen nachgehend, wertete ich die Zeitschriften aus, die für *Freundinnen* herausgegeben wurden. Sie wurden zu meiner wichtigsten Quelle, denn andere Äußerungen lesbisch lebender Frauen, die in der Weimarer Republik außerhalb Berlins lebten, sind im Rahmen einer Recherche für eine Magisterarbeit kaum aufzufinden. Obwohl die Zeitschriften auf Berlin konzentriert waren, hinterließ in ihnen doch auch lesbisches Leben aus anderen Orten seine Spuren.

In bemerkenswerter Vielfalt drückte sich hier lesbisches Leben in der "Provinz" aus: in Äußerungen über Glück wie auch über Einsamkeit, über Reaktionen der heterosexuellen Umwelt, in Ankündigungen von Veranstaltungen und Spuren des Scheiterns der Subkultur. Diese Beiträge verdeutlichen, daß das Dasein als moderne *Artgenossin* der zwanziger Jahre nicht nur als ein atemloser Aufbruch in eine funkelnde und emanzipierte Form der Frauenliebe gelesen werden kann, son-

---

xuelle erwähnen, ohne z.B. mögliche Unterschiede bezüglich des Zugangs zu Geld und öffentlichen Räumen zu thematisieren. Vgl. z.B. Hoffschildt 1992 über Hannover.

[13] Vgl. Bock 1988

dern ebenso als ein Weg in neue Begrenzungen und bedrükkende Einsamkeit.

Die Vorstellung, sie seien homosexuell veranlagt, war für das Selbstverständnis vieler lesbisch lebender Frauen fundamental. Wie das Verständnis von weiblicher Homosexualität durch Psychiater "erfunden" und sich später von den Frauen angeeignet wurde, wird daher im ersten Kapitel skizziert. Gleichgeschlechtliche Liebe und Begehren wurde nun kaum noch als ein mehr oder weniger als "unsittlich" empfundenes VERHALTEN, sondern als ein KONSTITUTIONELLES MERKMAL gedeutet, ein im Körper wurzelndes und lebenslang präsentes Verlangen. Diese Deutung erscheint mir für die Gegenwart nicht sinnvoll zu sein. Deshalb sind in meinem Text alle Ausdrücke, die auf gleichgeschlechtliches Begehren als "Veranlagung" usw. hinweisen, kursiv abgesetzt.

Das nächste Kapitel beschreibt, wie sich das Leben in der "Provinz" in den Zeitschriften spiegelte, die sich an *Artgenossinnen* richteten. Vielfach ist von Einsamkeit die Rede, aber auch von Anstrengungen, sie zu durchbrechen. Die Zeitschriften waren für etliche Leserinnen eine ausgesprochen wichtige Verbindung zu Gleichgesinnten - nicht zuletzt in den Kontaktanzeigen aus vielen Orten der Republik.

Kaum minder bedeutend waren die Hinweise auf Gruppierungen und Veranstaltungen, die regelmäßig in den Zeitschriften erschienen. Im dritten Kapitel werden entsprechende Lokale und Gruppierungen geschildert und die in der "Provinz" annoncierten Treffpunkte rekonstruiert, wie sich sich für Leserinnen der entsprechenden Zeitschriften darboten.

Im Mittelpunkt der Betrachtungen der ersten drei Kapitel stehen Frauen, die sich als *Freundinnen, Artgenossinnen* und *Homosexuelle* identifizierten. Das war ein Selbstverständnis, das sowohl im Sinne von befreiendem Aufbruch als auch als Anlaß für schwere Konflikte erlebt werden konnte. Wie sich die Beschäftigung mit den modernen Ideen über Homosexualität als verwirrend und letztlich zerstörerisch auswirken konnte, wird im letzten Kapitel am Beipiel einer Lehrerin in Norddeutschland dargestellt.

Einige Bemerkungen noch zur Entstehung des Buches, das Sie in den Händen halten. Es ist eine überarbeitete und aktualisierte Fassung meiner Magisterarbeit, die ich 1992 schrieb. Eine Überarbeitung war notwendig, weil sich meine Sichtweisen in diversen Punkten verändert haben. Damals ergaben sich nur wenig Gelegenheiten zum inhaltlichen Austausch; schließlich sind Forschungen über die Geschichte der lesbischen Liebe an den meisten Universitäten nicht gerade fest verankert.

Dieses Buch ist nicht nur das Ergebnis ungezählter Stunden an meinem Schreibtisch und der Teilnahme an Tagungen usw., sondern auch der Unterstützung, die ich genoß. Hierfür möchte ich allen Beteiligten danken. Besonders Claudia Schoppmanns Ermutigung zur Veröffentlichung, Mechthild Bereswills Geduld und Aufmerksamkeit in zahllosen Gesprächen über die Wissenschaften, Jörg Hutters anregende Kritik sowie das Billardspielen mit Gabi Meyer haben dieses Buch erst ermöglicht. Die Magisterarbeit wurde freundlicherweise von Prof. Adelheid v. Saldern am Historischen Seminar der Universität Hannover betreut.

Erstes Kapitel
Die moderne, homosexuelle Frau

Nicht jede Frau, die andere Frauen begehrte bzw. liebte, bezeichnete sich als *weibliche Homosexuelle*. Einige verwahrten sich gegen eine solche Beleidigung, ihre Lebensweise als homosexuell zu kennzeichnen, für andere Frauen wiederum war ihr Selbstverständnis als Homosexuelle der Inbegriff einer modernen Emanzipation der gleichgeschlechtlich Liebenden. Homosexualität war während der Weimarer Republik keineswegs eine einverständlich definierte und akzeptierte Kategorie.

Da das im Prinzip bis in die Gegenwart so geblieben ist, möchte ich vorweg ausdrücklich bemerken, daß ich mich Fadermans umstrittener[14] Definition anschließe und unter einer lesbischen Beziehung jene verstehe, "in der das stärkste Gefühl und die tiefste Zuneigung einer Frau einer Frau gelten. Ob die Sexualität einen größeren oder kleineren Platz einnimmt oder aber auch gänzlich fehlt: Zwei Frauen wünschen sich, die meiste Zeit miteinander zu verbringen und die meisten Aspekte des Lebens miteinander zu teilen."[15] Unter "lesbischem Begehren" verstehe ich also weder Krankheit

---

[14] An Faderman wird der Vorwurf gerichtet, sie entsexualisiere die lesbische Lebensform, indem sie Frauen als lesbisch bezeichne, die sinnliche Berührungen, Herzen und Küssen als höchsten Ausdruck ihrer Leidenschaft erlebten und keinen nachweislich genitalen Kontakt hatten. Allerdings begründen die Kritikerinnen nicht, warum sie Sexualität grundsätzlich mit genitalem Kontakt gleichsetzen. Abgesehen davon wäre ein solcher Nachweis des genitalen Kontakts für Forschungen, die sich auf frühere Perioden als die Mitte des 20. Jahrhunderts erstrecken, schwerlich zu führen: Welche Quellen sollten sie überliefern? Vgl. dazu auch Lesbian History Group 1991, S. 22f

[15] Faderman 1990, S. 16

noch "Veranlagung" bzw. ein feststehendes, unveränderliches Merkmal der Identität.

Um 1870 "erfunden"[16], war die Vorstellung einer weiblichen Homosexualität in den zwanziger Jahren noch recht jung und "modern". Bis dahin war es, besonders im 18. und den ersten 70 Jahren des 19. Jahrhunderts, zumindest unter bürgerlichen Frauen allgemein üblich, eine andere Frau zu lieben. Ihre Umwelt erwartete zärtliche Verhältnisse unter Frauen geradezu, solange die Frauen nicht beabsichtigten, ihre Liebe ausdrücklich mit der Liebe zwischen Frauen und Männern gleichzusetzen oder männliche Privilegien zu beanspruchen. Sexualität unter Frauen galt, soweit sie überhaupt wahrgenommen wurde, als (unsittliches) Verhalten.[17]

In der zweiten Hälfte des 19. Jahrhunderts begannen (männliche) Ärzte und Psychiater, Theorien über die Ursachen der gleichgeschlechtlichen Liebe und Sexualität zu entwikkeln. Dabei standen gleichgeschlechtlich begehrende Männer im Vordergrund.[18] Die im deutschsprachigen Raum erste und für viele Jahre richtungsweisende wissenschaftliche Studie über Begehren zwischen Frauen publizierte der Psychiater C. Westphal im Jahre 1869. Westphal sprach von "conträrer Sexualempfindung", die als erbliche Krankheit anzusehen sei. Zu diesen weitreichenden Schlüssen war er gelangt, nachdem er das 35jährige Frl. N. untersucht hatte. Frl. N. litt darunter, daß ihre Liebe gegenüber einer anderen Frau unerwidert geblieben war. Bereits als Kind hatte sie zu Aktivitäten und Kleidung von Knaben geneigt; als Erwachsene reservierte sie ihr sexuelles Interesse ausschließlich für Frauen. Mit dieser Studie konnte Westphal die Vorstellung innerhalb der Psychiatrie etablieren, gleichgeschlechtliches Sexualverhalten sei

---

[16] Vgl. Hacker 1987, S. 9
[17] Vgl. Faderman 1990 und Lützen 1990
[18] Vgl. z.B. Hacker 1987, S. 16-23

im Wesen eines Menschen festgelegt.[19] 1875 veröffentlichte der Würzburger Psychiater Gock eine ähnliche Untersuchung. Diese beiden "Fälle" fanden Eingang in Krafft-Ebings "Psychopathia sexualis" (1886), das weithin als Standardwerk galt. Krafft-Ebing unterschied zwischen vier Stufen der konträren Sexualempfindung bei Frauen, wobei er allerdings die Meinung vertrat, daß die Mehrzahl der Lesbierinnen keinem "angeborenen Drange" folge.[20]

Nicht als krankhaft, sondern als "konstitutionellen Naturtrieb" bewertete dagegen Magnus Hirschfeld gleichgeschlechtliches Begehren in seinen Schriften ab 1896. Zwischen den jeweils heterosexuellen "Vollmännern" und "Vollweibern" existieren, so postulierte er, diverse "Zwischenstufen". Hirschfeld stützte sich nicht auf klinische Beobachtungen, sondern auf die Auswertung einer großen Menge Fragebögen. Auf wissenschaftlicher Grundlage engagierte er sich rd. 40 Jahre lang gegen die soziale und juristische Stigmatisierung gleichgeschlechtlich Liebender. Durch die Wissenschaft sollten Bevölkerung und Regierung umfassend aufgeklärt werden, so daß die soziale Benachteiligung der weiblichen *Homosexuellen* und vor allem die strafrechtliche Verfolgung der männlichen *Homosexuellen* überwunden werden könnte.[21]

Lesbische Sexualität und Beziehungen galten diesen Wissenschaftlern nicht als Verhalten, sondern als Ausdruck einer im Körper verankerten Veranlagung. Letztlich war ein Frauenpaar im Licht dieser Ideen in hohem Maße auf Männer bezogen: eine Lesbierin zu sein bedeutete, sich physiologisch mehr als Mann denn als Frau zu empfinden, z.B. als männlich geltende Verhaltensweisen und ebensolche Vorlieben zu pfle-

---

[19] Vgl. Hutter 1993, S. 41 sowie Hacker 1993
[20] Vgl. Hacker 1993, S. 136. Zu den Theorien Krafft-Ebings, Gocks und Westphals vgl. auch Schwarz 1983, Hänsch 1989 und v.a. die Dissertation von Katrin Schmersahl, die im Laufe des Jahres 1998 erscheinen wird.
[21] Vgl. z.B. Lindemann 1993

gen. Eine in diesem Sinne "virile" Frau bildete zusammen, so die Theorien, mit einer "femininen" ein Paar. Liebe zwischen "normalen" Frauen, die sich selbst wie auch ihre Partnerin als Frauen schätzen, wurde mit solchen Theorien prinzipiell ausgeschlossen.

Einen anderen Ansatz als den der Lehre von der Konstitution der Homosexualität vertrat der Wiener Psychiater Siegmund Freud. 1920 veröffentlichte er eine Schrift über seine (erfolglose) Behandlung einer *Homosexuellen*. Nach Freud sind, um es knapp zu skizzieren, alle Menschen ursprünglich bisexuell, wobei Fehlentwicklungen in der Kindheit für eine lesbische Orientierung im Erwachsenenalter verantwortlich seien. Zentral für diese Fehlentwicklung sei der Umgang mit dem Penisneid, der Kränkung, nur eine Klitoris statt eines Penis zu haben. Eine verfehlte Bewältigung dieser frühen Kränkung könne zu Frigidität bzw. zu einem Männlichkeitskomplex und zur Homosexualität führen.[22] Es würde den Rahmen dieser Arbeit überschreiten, Freuds (durchaus widersprüchlichen) Äußerungen über die lesbische Liebe bewerten und interpretieren zu wollen. An dieser Stelle sei auf die lebhaften Debatten in der feministischen Psychologie hingewiesen. Anzumerken ist jedoch, daß Freud bezweifelte, ob Homosexualität per Therapie zu "heilen" sei, während einige seiner Schüler dies durchaus vertraten.[23]

Im wesentlichen wurden die Debatten um das Wesen des gleichgeschlechtlichen Begehrens von Frauen unter Männern geführt. Eine Ausnahme bildete die Feministin Johanna Elberskirchen, die 1904 ihre These veröffentlichte, lesbisches Begehren sei eine neutral zu bewertende, natürliche Möglichkeit. Sie ging davon aus, daß alle Menschen eine vererbte Anlage zur Bisexualität hätten, wobei jedes Individuum selbst entscheide, von welchem Geschlecht es sich angezogen fühle.

---

[22] Vgl. z.B. Gissrau 1993
[23] Vgl. z.B. Till 1993, S. 178f sowie Faderman 1990, S. 342

Solche Entscheidungen würden stark von dem individuellen Mut und der Toleranz der Umwelt beeinflußt. Elberskirchens Theorie wurde nur wenig beachtet.[24]

Für Frauenliebhaberinnen in den zwanziger Jahren scheint vor allem der Ansatz Hirschfelds bedeutend gewesen zu sein. Mit ihm konnte wissenschaftlich begründet werden, warum gleichgeschlechtliche Liebe ein Daseinsrecht hatte: sie war eine ererbte *Veranlagung*. So ließ sich auch argumentieren, daß es wenig Sinn mache, AbweichlerInnen von der heterosexuellen Norm zu bestrafen, denn demnach war Homosexualität keine Charakterschwäche, die durch Bestrafung oder Therapien verändert werden konnte, sondern eine Varietät der Natur. Demgegenüber war der psychoanalytische Ansatz weniger attraktiv, denn für Frauen, die mit ihrer homosexuellen Identität zufrieden waren, war es keine verlockende Vorstellung, nach "erfolgreicher" Therapie das andere Geschlecht zu begehren.[25]

Ein weiterer Vorteil der Theorie der vererbten "Abartigkeit" war, daß auf dieser Grundlage bei der heterosexuellen Umgebung um Mitleid und Toleranz geworben werden konnte. So konnte auch der Vorwurf entkräftet werden, daß "normale" Frauen zur Homosexualität verführt würden: *homosexuelle* Frauen hielten dagegen, solche Verführungen seien deshalb nicht möglich, weil zwischen der heterosexuellen und der lesbischen Lebensform klare, durch Vererbung festgelegte Trennungslinien bestünden. Das lief darauf hinaus zu akzeptieren, daß die Mehrzahl der Bevölkerung heterosexuell lebte,

---

[24] Vgl. z.B. Krettmann 1993. Ein Auszug Elberkirchens über Homosexualität findet sich in Freundin 5 (1929), Nr. 2-4
[25] Eine Absage an die Psychoanalyse findet sich in den Zeitschriften, die an Homosexuelle gerichtet waren, immer wieder. Vgl. z.B. den Artikel über eine Tagung der "Weltliga für Sexualreform" in Wien in Freundin 6 (1930), Nr. 44

ohne jemals die Möglichkeit einer Wahl zu empfinden.[26] Mit dieser Haltung griffen die Frauen die heterosexuelle Ordnung nicht an, sondern erbaten sich in ihr einen Platz am Rande. Um Toleranz und Mitleid hervorzurufen, wurden, z.B. in Romanen, die Qualen der Schicksale lesbischer Liebe besonders hervorgehoben. Der bekannteste dieser Romane ist vermutlich "Quell der Einsamkeit" von Radclyffe Hall (erschienen 1928). Hier wurden lesbische Frauen als traurige Gestalten vorgestellt, die in ihrer Biologie gefangen und fast ohne Hoffnung auf Glück waren, was darin gipfelte, daß die Protagonistin in der Einsamkeit starb. Sicherlich hat dieser Roman viel dazu beigetragen, *Artgenossinnen* als bemitleidenswerte Geschöpfe darzustellen.[27] Andere Romane wie z.B. "Freundinnen" der hannoverschen Autorin Maximiliane Ackers (1923) beschrieben ebenfalls Unglück mit der lesbischen Liebe, klagten jedoch zusätzlich die Gesellschaft an, *homosexuelle* Frauen auszugrenzen und wirken deshalb weitaus stolzer.[28]

Wie populär die jeweiligen Erklärungsmodelle für das Begehren zwischen Frauen waren, läßt sich nicht feststellen. Doch in den Zeitschriften für diejenigen, die sich selbst als homosexuelle Frauen verstanden, war vor allem der theoretische Ansatz Hirschfelds vertreten. Hier finden sich etliche Artikel, in denen darauf bestanden wird, daß Homosexualität eine als neutral zu betrachtende Varietät der Natur sei und sie selbst nicht "pervers" seien.[29] Leserinnen sprachen z.B. von ihrer "Veranlagung" oder bezeichneten sich in Anspielung auf

---

[26] Vgl. z.B. "Wacht auf!", Freundin 4 (1928), Nr. 8 sowie "Die Ächtung der homosexuellen Frau" in Freundin 5 (1929), Nr. 5
[27] Vgl. Faderman 1990, S. 334-340
[28] Allein bis 1928 erlebte dieser Roman vier Auflagen, war also recht erfolgreich. Zuerst erschien er im avantgardistischen und weit über lokale Grenzen hinaus bekannten Paul-Steegemann-Verlag Hannover.
[29] Vgl. z.B. "Aufklärung tut Not!" in Freundin 8 (1932), Nr. 16

einen beliebten Roman als "Skorpiongeborene"[30]. Der Wissenschaft wurde durchaus eine bedeutende Rolle auf dem Weg zur Befreiung zugedacht. 1930 war z.b. in einem Sammelband, in dem sich Frauen über weibliche Sexualität äußerten, zu lesen, die "echten Lesbierinnen" hingen "so lange am Querholz ihrer Leiden, bis irgend ein glücklicher Zufall, aufklärende Schriften oder eine Gleichfühlende sie erlöst".[31] 1931 erschien in der "Freundin" ein "Appell an die deutschen Ärtze", eine wissenschaftlich-neutrale Haltung zur Homosexualität möglichst öffentlich zu äußern.[32] Das ist jedoch nicht so zu verstehen, daß Autorinnen und Leserinnen dieser Zeitschriften umstandslos die Theorien Hirschfelds übernommen oder auch nur genau studiert hätten. In leidenschaftlich geführten Kontroversen zeigte sich, daß die Bedeutungen der "Veranlagung" keineswegs einheitlich interpretiert wurden.

So füllte 1931 eine Debatte um das Verständnis des idealtypischen Verhaltens der *femininen* und der *maskulinen Artgenossinnen* mehrere Monate lang die ersten Seiten der Zeitschrift "Garçonne". Ausgelöst wurde die Kontroverse von einem Artikel, in dem dargelegt wurde, daß die *männliche Schwester* über einen größeren geistigen Horizont verfüge, ihre Partnerin als erkämpftes Eigentum betrachte und ihr deshalb gelegentliche Untreue erlaubt sein müsse. Dagegen seien die *Femininen* überwiegend geistig eingeschränkte Naturen mit angeborenem Hang zur Koketterie, die kaum mehr zur

---

[30] Vgl. "Meinungsaustausch über die homosexuelle Frau" in Freundin 3 (1927), Nr. 6. "Der Skopion" von Anna Elisabet Weirauch, dessen 1. Band 1919 und dessen dritter 1931 erschien, war ein recht bekannter Roman über eine lesbisch lebende Frau, der sich allerdings kaum an Theorien über lesbische "Veranlagung" usw. anlehnte. Vgl. dazu Schoppmann 1985.

[31] Roellig 1930, S. 70. Dieser Sammelband enthält außer dem Aufsatz von Roellig nicht nur eine Fülle von Abbildungen, sondern ist auch deshalb bemerkenswert, weil dort postuliert wird, daß Frauen *sich selbst* über ihre Sexualität zu Wort melden können und sollten.

[32] "Aufklärung tut not! Ein Appell an die deutschen Ärzte" in Freundin 8 (1932), Nr. 16

Partnerin zurückfinden, wenn sie sich "einmal fortgegeben" haben, so daß ihnen keine Untreue erlaubt werden dürfe.[33] Diese Zuschreibungen wurden von einigen Leserinnen geteilt, führten aber auch zu wütenden Protesten. Anhand der Kontroverse wird deutlich, daß "Weiblichkeit" und "Männlichkeit" der Frauen nicht einverständlich definiert waren - schon gar nicht auf einer gemeinsamen wissenschaftlichen Basis. Während diejenigen, die für Vorrechte der *Virilen* und deren größere Intelligenz etc. plädierten, vage angedeutete wissenschaftliche Erkenntnisse wie z.b. "angeborene Gegensätze"[34] heranzogen, bezogen sich die Gegnerinnen auf Ideen der Frauenbewegung, indem sie z.b. argumentierten, auch Ansichten und Privilegien "normaler" Männer seien ungerecht und deshalb nicht nachahmenswert.[35]

Ebenfalls umstritten war der Wert einer Liebesbeziehung - im damaligen Sprachgebrauch: einer Freundschaft - mit *bisexuellen* Frauen. Ihnen wurde häufig unterstellt, sie suchten mit *Artgenossinnen* lediglich "Ausschweifung und Wollust".[36] Das bestätigten die verheirateten Frauen, die sich in den Zeitschriften äußerten, nicht.[37] Eine Frau aus Essen plädierte dafür, nicht grundsätzlich jede verheiratete Frau als Bisexuelle

---

[33] "Die Treue der maskulinen und die der femininen Frau" in Garçonne 1931, Nr. 15
[34] "Diskussion und Widerspruchsgeist" in Garçonne 1931, Nr. 22
[35] "Treue gehört zur Liebe" in Garçonne 1931, Nr. 18 und "Ist Männlichkeit gleichbedeutend mit Intelligenz?" in ebd., Nr. 20. Vgl. zu dieser Kontroverse und anderen Aneignungen der sexualwissenschaftlichen Theorien auch Plötz 1998. Ausführlicher sind *Bubis* und *Damen* in den Zwanziger Jahren in Plötz 1997 dargestellt. Leider sind bei diesem Artikel aufgrund von technischen Problemen innerhalb des Quer-Verlags ärgerliche Pannen aufgetreten. Die Leserin möge sich bitte vorstellen, daß die Originalbegriffe kursiv gesetzt werden sollten; auch haben Fußnoten durchaus existiert, und die Einteilung der Absätze war meinerseits ebenfalls nicht so gedacht.
[36] So z.B. von einer Duisburgerin, vgl. "Unsere Leserinnen haben das Wort" in Freundin 5 (1929), Nr. 23
[37] Vgl. z.B. "Meinungsaustausch über: 'Die homosexuelle Frau'" in Freundin 3 (1927), Nr. 4 und Nr. 6

abzulehnen, denn einige von ihnen hätten sich verheiratet, bevor sie ihre *Veranlagung* entdeckt hätten. Sie warnte besonders davor, ein Dreiecksverhältnis einzugehen, an dem ein Mann beteiligt ist.[38] Eine andere Leserin hielt dagegen, eine *Homosexuelle* heirate niemals, weil sie immer schon wisse, daß sie anders sei.[39] Grundsätzlich, so mein Eindruck, scheinen viele lesbisch lebende Frauen mit dem Konzept der *Veranlagung* einverstanden gewesen zu sein, deuteten es jedoch eigenwillig.

Insgesamt läßt sich sagen, daß etliche Frauen die Chancen nutzten, die in der Behauptung lagen, ihre Lebensweise sei eine angeborene Andersartigkeit und damit gerechtfertigt: Auf dieser Basis bauten sie in den zwanziger Jahren Sub- und Gegenkulturen auf. Doch es schränkt generell stark ein, Begehren zwischen Frauen als konstitutionelles Merkmal bzw. als Sozialcharakter festzuschreiben. Der daraus folgende Zwang, sich entweder als Heterosexuelle oder als Homosexuelle zu definieren, stärkt letztlich die Institution Heterosexualität.[40] Dazu trug bei, daß sozial anerkannte, intensive Freundschaften zwischen Frauen, die weder pathologisiert noch sexuell definiert wurden, mehr und mehr zur gesellschaftlichen Marginalität gerieten.[41]

---

[38] "Soll eine homosexuelle Frau mit einer bisexuellen Freundschaft schließen?" in Freundin 6 (1930), Nr. 15
[39] "Unsere Leserinnen haben das Wort" in Freundin 6 (1930), Nr. 9
[40] Vgl. z.B. Hark 1993, S. 14f
[41] Mit dieser Bewertung folge ich Hacker 1993, S. 138

Zweites Kapitel

Provinzielles Leben im Spiegel der Zeitschriften für *Freundinnen*

Während der zwanziger Jahre existierten mehrere Zeitschriften, die sich an lesbisch lebende Leserinnen richteten. Inhaltlich lag ihr Schwerpunkt in der Unterhaltung. Obwohl von den meisten dieser Zeitschriften keine Auflagenstärke bekannt ist, kann doch davon ausgegangen werden, daß ihre Leserinnenschaft regelmäßig mehrere Zehntausend umfaßte.

Für Frauen, die isoliert und einsam in Orten oder Städten ohne Subkultur lebten, waren die Zeitschriften eine der wenigen Möglichkeiten, mit *Artgenossinnen* in anderen Orten in Kontakt zu treten. Auch wenn sie persönlich nicht an Veranstaltungen teilnahmen, konnten sie so doch in Gedanken dabei sein. Sicher waren jedoch nicht alle *Artgenossinnen* außerhalb Berlins so einsam, daß sie die Zeitschriften als einzige Verbindung zu Gleichgesinnten benötigten. Die Situationen der Frauen in Dörfern, Kleinstädten und Großstädten variierten genauso wie deren individuelle Bewältigungsstrategien. Einige Frauen resignierten, andere versuchten, sich auf verschiedenen Wegen zu vernetzen. Eine bedeutende Möglichkeit der Kontaktaufnahme boten Kleinanzeigen in den Zeitschriften.

Die Zeitschriften

Vier Zeitschriften richteten sich ausdrücklich an lesbisch lebende Frauen. Darüber hinaus existierten Publikationen wie die vom "Bund für Menschrechte" (BfM), einer großen Organisation der gleichgeschlechtlich Liebenden, herausgegebenen "Blätter für Menschenrecht". Sie befaßten sich hauptsächlich mit der männlichen Homosexualität, waren jedoch auch an Frauen gerichtet.

Die beliebteste und am meisten verbreitete Zeitschrift für *Artgenossinnen* in den zwanziger Jahren war "DIE FREUNDIN", die dem BfM nahestand. Ihre genaue Auflagenhöhe ist nicht bekannt, so daß sich kein quantitativer Vergleich mit den anderen Zeitschriften anstellen läßt; aber ihre Beliebtheit war herausragend.[42]

Die "Freundin" erschien von 1924 bis 1933 mit Unterbrechungen. Im Jahre 1926 wurde sie aus ungeklärten Gründen nicht herausgegeben,[43] und im Sommer 1928 wurde sie auf Antrag des Jugendamtes Berlin für zwölf Monate auf die Liste für "Schmutz und Schund" gesetzt. Das bedeutete, daß die Zeitschrift nun als jugendgefährdend galt und in diesem Zeitraum nicht öffentlich ausgehängt und verkauft werden durfte; sie stellte ihr Erscheinen für ein Jahr ein.[44]

Während sie 1924 noch als Halbmonatsschrift erschien, kam die "Freundin" ab 1929 als wöchentliche Ausgabe heraus. 1924 kostete die "Freundin" im direkten Verkauf pro Heft 20 Pfennige. Nun ist nicht davon auszugehen, daß die "Freundin" in allen Orten der Republik im Straßenhandel oder in Buchhandlungen[45] erhältlich war. Viele Frauen werden darauf angewiesen gewesen sein, die Zeitschrift zugesandt zu bekommen. Das war deutlich teurer: monatlich 0.80 RM als Drucksache oder aber im geschlossenen Brief, so daß der In-

---

[42] Vgl. Vogel 1984, S. 162. Deutlich wird die herausragende Bedeutung der "Freundin" auch anhand der Menge und regionalen Verbreitung der Kleinanzeigen.
[43] Vgl. Vogel 1984, S. 162
[44] Vgl. "Zur Beachtung!", Freundin 4 (1928), Nr. 13. In diesem Artikel wurde auf die Zeitschrift "Ledige Frauen" verwiesen, die ich leider nicht einsehen konnte. Sie ist nicht in der Zeitschriften-Datenbank (Mikrofiche in Universitätsbibliotheken) verzeichnet.
[45] Im Schwullesbischen Archiv Hannover befindet sich eine Ausgabe der "Freundin", die laut Stempelaufdruck von einer hannoverschen Buchhandlung vertrieben wurde.

halt nicht erkenntlich war, 1.10 RM. Im Jahre 1930 erhöhten sich die Preise auf 30 Pfennige bzw. 1.- RM und 1.80 RM. Schon wegen der Kosten war es also nicht jeder Frau möglich, die "Freundin" zu lesen. Allerdings ist davon auszugehen, daß die Exemplare der Zeitschrift weitergereicht und deshalb nicht nur von je einer Frau gelesen wurden. Das war von der Redaktion auch beabsichtigt. Sie forderte auf: "Verbreitet die Freundin' in Fabriken und Geschäften, laßt die Zeitschrift, sobald ihr dieselbe gelesen habt, überall in Restaurants und in den Zügen, elektrischen Bahnen und Omnibussen liegen, damit die anderen sie auch zu Gesicht bekommen und lesen."[46]

Parteipolitisch gab sich die "Freundin" neutral, doch zu jeder Wahl wurden die Leserinnen grundsätzlich aufgefordert, nur Parteien zu wählen, die sich für die Abschaffung des §175 StGB einsetzten; also SPD oder KPD.[47] Vermutlich entsprach es den Vorstellungen von parteipolitischer Neutralität, sich auch zu der Machtübergabe an die NSDAP im Januar 1933 und allen folgenden Ereignissen mit keinem Wort zu äußern. Nicht einmal der Erlaß vom 23.2.1933, auf dessen Grundlage pornographische Schriften, vor allem aber dem BfM jede öffentliche Aktivität verboten wurde,[48] fand in der "Freundin" Erwähnung. Am 8.3.1933 erschien ihre letzte Ausgabe.

Sehr vielfältig waren die Themen, die in den verschiedenen Artikeln angeschnitten wurden. So wurde unter anderem über bekannte gleichgeschlechtlich Liebende in der Geschichte (wie z.B. Sappho und Christina von Schweden) oder über sexualwissenschaftliche Erkenntnisse geschrieben. Während die sexualwissenschaftlichen Artikel überwiegend von Männern formuliert waren, war die Mehrzahl aller übrigen Beiträge von Frauen verfaßt. In der "Freundin" hatten Themen z.B.

---

[46] "Die Ächtung der homosexuellen Frau" in Freundin 5 (1929), Nr. 5
[47] Vgl. z.B. "Die homosexuelle Frau und die Reichstagswahl" in Freundin 4 (1928), Nr. 10
[48] Vgl. Kokula 1984, S. 153

wie der Wert von Freundschaften mit *bisexuellen* Frauen genauso ihren Platz wie die Überlegung, ob es sinnvoll sei, der gesellschaftlichen Diskriminierung als *Homosexuelle* durch Heirat zu entgehen. Auch wurde die Frage erörtert, welche Kleidung für "maskuline" *Artgenossinnen* passend oder aber zu auffällig sei. Zum Teil wurden zu diesen Themen von der Redaktion Meinungsaustausche angeregt, in deren Verlauf aber selten mehr als sechs Leserinnenbriefe abgedruckt wurden. Allgemein blieben Briefe von Leserinnen leider recht spärlich.

Obwohl die "Freundin" an Frauen gerichtet war, die sich als moderne *Homosexuelle* verstanden, erschien doch 1924 auf einer Titelseite ein Artikel, der die "Passion der alternden Frau" thematisierte. Ältere Frauen, die zwar Frauen liebten, sich aber nicht als *Artgenossinnen* verstanden, wurden aufgefordert, eine "Brücke zwischen jung und alt"[49] zu schlagen.

In unzähligen Artikeln spiegelte sich wider, daß die "Freundin" nicht nur der Bewegung der *Homosexuellen*, sondern auch der Frauenemanzipation nahestand.[50] Gegen Ende der zwanziger Jahre, also im Zuge der heterosexuell orientierten Sexualreformbewegung,[51] erschienen Artikel zum § 218 StGB. Dazu hieß es, daß dieser Paragraph lesbisch lebende Frauen im Grunde zwar nicht beträfe, sie aber trotzdem den Kampf aller Frauen um Selbstbestimmung unterstützen sollten.[52]

Allerdings machten Beiträge, in denen Anschauungen über verschiedenste Fragen des lesbischen Lebens erörtert wurden, nicht den wesentlichen Teil der "Freundin" aus. Überwiegend

---

[49] Vgl. "Die Passion der alternden Frau" in Freundin 1 (1924), Nr. 6
[50] Vgl. z.B. "Zur Beachtung!", Freundin 1 (1924), Nr. 3 sowie Artikel über Mädchenhandel und Prostitution auf der Titelseite von Freundin 1 (1924), Nr. 4 und schließlich "Was jede Frau wissen muß", Freundin 5 (1929), Nr. 9
[51] Zur Sexualreformbewegung vgl. Grossmann 1985
[52] Vgl. "Frauen in Not" in Freundin 5 (1929), Nr. 24

bestand die 6-16seitige Zeitschrift aus Fortsetzungsromanen, Kurzgeschichten und Gedichten über lesbische Liebe. Diese waren häufig dem Alltag entrückt sowie jenseits von Existenz- und Diskriminierungssorgen angesiedelt und erinnern an Trivialliteratur. Ob aber der Begriff "trivial" auch auf lesbische Poesie und Prosa anzuwenden ist, wäre zu diskutieren. Da sie einen Anspruch auf lesbisches Glück formulierten, dienten sie nicht der Stabilisierung der bestehenden Verhältnisse - einem Merkmal der Trivialliteratur.[53] Veröffentlicht wurden jedoch auch Geschichten, die ausdrücklich von Problemen lesbischen Lebens handelten. So wurde z.B. von einer Frau erzählt, deren Chef sie vergewaltigt hatte. Diese Frau wagte es nicht, sich ihrer Lebensgefährtin anzuvertrauen. Alleine aber konnte sie die Situation nicht bewältigen und brachte sich schließlich um.[54] Mit dem Tod endete auch eine Fortsetzungsgeschichte über zwei junge Frauen aus der Kleinstadt S. am Rhein. Sie töteten sich, weil ihre Eltern Zwang auf sie ausübten, ihre Ausbildung abzubrechen und zu heiraten.[55]

Doch nicht alle Prosa, in der Probleme angesprochen wurden, endete mit dem Tod der Protagonistinnen. 1932 veröffentlichte die "Freundin" mehrere Kurzgeschichten, die ermutigenden Charakter hatten. So handelte "Die Paddenrepublik" von zwei Freundinnen, die in einer Art Zeltstadt trotz deren allgemeinpolitisch emanzipatorischen Ansätzen Diffamierungen wegen ihrer lesbischen Beziehung ausgesetzt waren. Anstatt dies zu dulden, verlangten sie während eines Treffens aller dort lebenden Menschen offene Kritik und konnten diese schnell entkräften. Von nun an wurden sie wunschgemäß in Ruhe gelassen.[56] Von derselben Autorin erschien eine weitere Kurzgeschichte, die ebenfalls zum offensiven Umgang mit der

---

[53'] Vgl. Schoppmann 1985, S. 54-56
[54] Vgl. "Bestie Mann!" in Freundin 5 (1929), Nr. 6
[55] Vgl. "Das Tagebuch einer Toten" in Freundin 3 (1927), Nr. 1-6
[56] "Die Paddenrepublik" von Irene v. Behlau, in Freundin 8 (1932), Nr. 38

lesbischen Liebe aufforderte; in diesem Fall gegenüber der Mutter. Zwar war die Mutter in der Geschichte nicht glücklich über die lesbische Lebensweise ihrer Tochter, aber sie liebte sie weiterhin und zeigte Verständnis für deren "angeborene" Neigung.[57] In einer weiteren Kurzgeschichte thematisierte dieselbe Autorin das brennende Problem der Arbeitslosigkeit anhand von zwei Frauen, deren Arbeitsplätze wegrationalisiert wurden und die nun von der Arbeitslosenunterstützung kaum leben konnten. Also überwanden sie ihren Stolz, zogen in eine gemeinsame Wohnung und konnten ihre Situation so weitaus besser bewältigen.[58]

So unterschiedlich die Beiträge auch waren, stellten sie doch nie das lesbische Empfinden in Frage. Gerade für einsame Frauen in der "Provinz" muß das von unschätzbarem Wert gewesen sein. Das gilt nicht nur für die Artikel, Poesie und Prosa, sondern auch für die mehr oder weniger regelmäßigen Rubriken in der "Freundin".

Regelmäßig erschien Werbung für Bücher verschiedensten Inhalts, z.B. über Heterosexualität, Sadomasochismus, Homosexualität oder fremde Völker. Selbstverständlich wurde Büchern über lesbische Liebe besondere Aufmerksamkeit geschenkt, vor allem in der Häufigkeit der Werbung und durch Buchbesprechungen. So wurde z.B. der Bestseller "Quell der Einsamkeit" von Radclyffe Hall, "Der Skorpion" von Elisabeth Weihrauch, "Freundinnen" von Maximiliane Ackers und "Der wilde Garten" besprochen und empfohlen.[59]

Ein wichtiger Teil der Zeitschrift waren weiterhin die Veranstaltungshinweise und Annoncen für verschiedene Lokale, die, wie auch Kleinanzeigen, nie fehlten. Darauf soll an dieser Stelle nicht eingegangen werden; im Abschnitt über Kontaktanzeigen stelle ich sie ausführlich dar. Außerdem enthielt die

---

[57] Vgl. Freundin 8 (1932), Nr. 46
[58] Vgl. Freundin 8 (1932), Nr. 41
[59] Vgl. "Bücher der homoerotischen Frau" in Freundin 5 (1929), Nr. 8

"Freundin" über mehrere Jahre einen Sonderteil für (zumeist männliche) Transvestiten, bis für sie vom gleichen Verlag eine eigene Zeitschrift herausgegeben wurde.

Welche Bedeutung nun die "Freundin" für einzelne Frauen in der "Provinz" erlangte, läßt sich heute nicht mehr rekonstruieren. Hierzu fehlen die Quellen. Doch in drei Leserinnenbriefen finden sich - leider knappe - Äußerungen. Clara K. aus Essen führte aus: "Jahrelang habe ich vergeblich nach einer Unterhaltungslektüre gesucht, die Menschen unseres Schlages durch Wort und Schrift einander näher bringt, die Schwestern unserer Wesensart Stunden der Einsamkeit erhellt, bis mir bei einem Besuch in Hildesheim - eine Kleinstadt, bitte! und noch dazu streng religiös! - 'Die Freundin' in die Hände fiel. - Auch ich bin ganz dafür, daß wir uns unseres Blattes bedienen sollen, um persönliche Ansichten zu veröffentlichen, denn gerade durch Meinungsaustausch auf schriftlichem Wege wird ein Grundstock mit zur Zusammengehörigkeit gelegt. - Das Gefühl: Du bist nicht die Einzigste, die jene weltabgewandten Wege wandelt, macht manches arme Herz stark, und doppelt freudig trägt es das Geschick der inneren Einsamkeit, die fast jede von uns mehrmals oder weniger oft zu durchringen hat."[60]

Wesentlich knapper äußerte sich S. S. aus Duisburg über die Bedeutung der "Freundin". Sie schrieb, "eine richtig homosexuelle Frau", die keine Partnerin habe, "wird die Zeitung lesen, das einzige, was sie hat".[61] Ganz anders eine Düsseldorferin, die alle Rheinländerinnen aufgefordert hatte, sich "in dem euch gehörenden Organ 'Die Freundin'" auszusprechen. Sie beklagte: "Warum hört man so wenig vom Rheinland! Ich muß es bedauern. Ich bin selbst hier in Düsseldorf, lese 'Die Freundin' und finde niemals, d.h. verschwindend wenig, was unser liebes Rheinland betrifft. Glaubt mir, ihr Berli-

---

[60] "Soll eine homosexuelle mit einer bisexuellen Frau Freundschaft schließen?" in Freundin 6 (1930), Nr. 15
[61] "Unsere Leserinnen haben das Wort" in Freundin 5 (1929), Nr. 23

nerinnen, hier im Rheinland ist es schön, aber wir haben sehr, sehr hart zu kämpfen."[62]

Zwar war die "Freundin" die verbreitetste, aber nicht die einzige Zeitschrift, die Frauen in der "Provinz" lesen konnten. Während die "Freundin" dem BfM nahestand, waren die anderen Zeitschriften dem konkurrierenden "Deutschen Freundschafts-Verband" (DFV) angegliedert.

Seit 1926 existierte die "FRAUENLIEBE", eine Wochenschrift des DFV. Um 1930 konnte sie eine Auflagenhöhe von wöchentlich ca. 10.000 Stück vorweisen.[63] Über ihre beabsichtigte regionale Verbreitung läßt sich nur spekulieren. In der Zeitschrift war kein Preis für ein Abonnement vermerkt, was vermuten läßt, daß sie für Städte gedacht war, in denen sie über Geschäfte verkauft wurde. Vorrangig bezogen sich die Beiträge und Anzeigen, wie bei den anderen Zeitschriften auch, auf Berlin. Da aber immer wieder Kleinanzeigen und Annoncen für Lokale aus der "Provinz" abgedruckt wurden, muß sie dort gelesen worden sein. Allerdings annoncierten deutlich weniger Frauen aus der Provinz in der "Frauenliebe" als in der "Freundin".

Inhaltlich war die "Frauenliebe" nicht so vielfältig wie die "Freundin". Der Schwerpunkt der "Frauenliebe" lag, stärker noch als beim Konkurrenzblatt, in der Unterhaltung.

Für kurze Zeit kam 1928 die "FRAUEN LIEBE UND LEBEN" heraus, von der vermutlich lediglich zwei Ausgaben erschienen sind.[64] Auch sie war dem DFV verbunden. Ihre geringe Lebensdauer ist genauso verblüffend wie die Tatsache, daß

---

[62] "Achtung!! Rheinland!!" in Freundin 5 (1929), Nr. 19
[63] Schlierkamp 1984, S. 169. Da die Jahrgänge 1 (ab 1926) bis 4 der "Frauenliebe" nicht im Verkehr der Fernleihe zu erhalten waren, konnte ich sie nicht einsehen bzw. auswerten. Den Jahrgang 5 konnte ich im Schwullesbischen Archiv Hannover einsehen.
[64] Mehr Ausgaben sind in der Zeitschriften-Datenbank nicht verzeichnet. Möglich wäre es jedoch, daß noch weitere erschienen, diese jedoch nicht systematisiert und archiviert worden sind. Ich habe keine weiteren Ausgaben gefunden.

der DFV zu dem Zeitpunkt bereits die "Frauenliebe" herausgab. Hier läßt sich nur spekulieren. Möglicherweise wurde diese Zeitschrift gegründet, um wegen einer Indizierung der "Frauenliebe" als "Schmutz und Schund" eine Alternative anbieten zu können.[65]

Über die Absichten der neuen Zeitschrift war zu lesen: "Die Feinen, Abseitigen, die Zaghaften, die Müden und die in inneren Nöten, sie mögen sich alle in diesem Blatt versammeln und durch dasselbe schöne Bewußtsein eine stillschweigende Zusammengehörigkeit in sich aufnehmen."[66] In ihrem Schwerpunkt glich sie der "Frauenliebe". Ausdrücklich war vermerkt, daß sie im Abonnement erhältlich sei; zum Preis von vierteljährlich 3,40 RM im geschlossenen Brief bzw. als Drucksache für 2 RM.

Ab Oktober 1930 erschien die Halbmonatsschrift "GARÇONNE", gleich der "Freundin" zum Preis von 30 Pfennigen. Auch sie war dem DFV eng verbunden und bestand eine kurze Zeit parallel zur "Frauenliebe", bis diese in der "Garçonne" aufging. Die "Garçonne" erschien nur wenige Monate unbehelligt, denn im Juni 1931 wurde sie auf die Liste für "Schmutz und Schund" gesetzt, so daß es für zwölf Monate verboten war, für die "Garçonne" zu werben oder sie öffentlich auszuhängen. Anders als die Redaktion der "Freundin" entschied sich die der "Garçonne", eine Notausgabe weiterhin zu veröffentlichen. Im Oktober 1932 war sie finanziell ruiniert und mußte ihr Erscheinen einstellen.[67]

---

[65] Das ist eine Vermutung, die sich daraus speist, daß im Artikel "Zur Beachtung!" in der Freundin 4 (1928), Nr. 13 von einer Zeitschrift "von anderer Seite" (vermutlich vom DFV) die Rede ist, die "ähnliche Tendenzen" wie die "Freundin" verfolge. Diese Zeitschrift würde weiterhin hergestellt, obwohl sie "von der Oberprüfstelle in Leipzig schon am 16. Februar d.J. auf die Liste für Schmutz und Schund gesetzt wurde". Es ist wahrscheinlich, daß damit die "Frauenliebe" gemeint war.

[66] "Zum Geleit" in Frauen Liebe und Leben Jg. 1928, Nr. 1

[67] Vgl. Schlierkamp 1984, S. 177. Den Jahrgang 1932 der "Garçonne" konnte ich nicht einsehen bzw. auswerten.

Wie die anderen vergleichbaren Zeitschriften war auch die "Garçonne" in erster Linie ein Unterhaltungsblatt mit Gedichten, Novellen, Anekdoten, Erzählungen und Romanbeilagen über die lesbische Liebe. Außerdem veröffentlichte sie regelmäßig Ansichten über verschiedene Aspekte des lesbischen Lebens oder über sexualwissenschaftliche Fragen. Auch die Rubriken für Transvestiten und Meinungsaustausche ähnelten denen der "Freundin".

Obwohl alle diese Zeitschriften Ähnlichkeiten aufwiesen, hatte doch jede ihre Eigenart. So formulierte die "Garçonne" nicht in gleichem Maße wie die "Freundin" ihr Engagement für die Frauenemanzipation. Im Geleitwort der "Garçonne" wurde dagegen betont: "Nun, bei 'Garçonne' ist es ein klein wenig anders. Sie wird ihre eigene Note gegenüber allen anderen Frauenzeitschriften haben, denn sie tritt für die alleinstehende Frau als Mensch, als Individualität und nicht als Geschlechtswesen ein. 'Garçonne' soll für alle [...] ein in jeder Hinsicht gediegenes, aufklärendes und anregendes Unterhaltungsblatt sein, das, dem Titel entsprechend, alle Gebiete, die in den Bereich der Junggesellin fallen, streifen will. Nicht zuletzt soll es auch ein Mittler werden für Homo- und Heterogen."[68]

Obwohl die "Garçonne" ein Berliner Blatt war und sich vor allem auf Berlin bezog, hatte sie auch in der "Provinz" ihre Verbreitung. Dort war sie für 1,80 RM monatlich im geschlossenen Brief zu abonnieren. Über ihre Bedeutung außerhalb Berlins ließen sich nur zwei Aussagen finden. Eine Karlsruherin schrieb: "Ich kann ohne diese Zeitschrift 'Garçonne' nicht mehr sein, da ich doch mit meinen Artgenossinnen in Fühlung bleiben möchte [...]"[69]. Von der Mitarbeiterin Käte Lippert aus Görlitz war zu lesen: "Was die 'Garçonne' eigentlich den auswärtigen Lesbierinnen ist, ist nicht so leicht in Worten auszu-

---

[68] Garçonne Jg. 1930, Nr. 1
[69] Garçonne Jg. 1931, Nr. 24, S. 4

drücken! [...] All diesen Frauen ist die 'Garçonne' im wahrsten Sinne des Wortes: Ein Freudenspender!! In diesem Blatte finden sie den Ton, der Art von ihrer Art ist. Aus ihm ersehen sie, daß sie nicht allein sind, daß viele Frauen mit ihnen das gleiche Los tragen müssen und an diesem Wissen allein richten sie sich schon etwas auf. So wird die 'Garçonne' diesen einsamen Frauen ihr liebster Freund, eine Freude, ein Gruß aus der Welt, die auch die ihre ist. Alles das, was sie in den Tageszeitungen ihres Ortes vergeblich suchen, finden sie in ihrem Lieblingsblatt: Roman, Gedichte und Erzählungen, die ganz auf ihr inneres Empfindungsleben abgestimmt sind und nicht zuletzt den Ratgeber für die Pflege ihrer körperlichen Schönheit. Im Geiste durchwandeln sie all die Stätten, glauben die Vorträge zu hören, wenn sie die Artikel über dieselben lesen - versinken ein Weilchen in einen schönen Traum, der ihre Sehnsucht nach Wirklichkeit ist."[70]

Darstellungen des provinziellen Lebens

Da die "Provinz" die gesamte Republik mit Ausnahme von Berlin umfaßte und nicht alle Frauen ihre Umgebung gleich bewerteten, sind keine einheitlichen Aussagen über die dortigen Lebensbedingungen für lesbisch lebende Frauen zu erwarten. Sicherlich war die Größe des jeweiligen Heimatortes für die Gestaltung eines lesbischen Lebens genauso entscheidend wie die regionalen Gegebenheiten. Doch auch, wenn diese Differenzierungen mitgedacht werden, läßt sich keine allgemeine Aussage treffen, denn es stehen nur wenig Informationen zur Verfügung.

An den vorhandenen Quellen fällt auf, daß immer wieder betont wird, wie einschränkend das Leben in Kleinstädten gegenüber dem in Großstädten war. Doch abgesehen davon, daß in Großstädten vermutlich zumeist eine geringere soziale

---

[70] "Freudenspender" in Garçonne Jg. 1931, Nr. 10

Kontrolle ausgeübt wurde, existierten offenbar große Unterschiede zwischen den einzelnen Großstädten. Auch muß dort nicht zwangsläufig ein größeres Angebot an lesbischer Subkultur als in mittleren und kleinen Städten bestanden haben. So trat z.b. München in Zeitschriften wie der "Freundin" seltener hervor als Bielefeld und Weimar.

Über lesbisches Leben in Kleinstädten erschien 1931 in der "Garçonne" ein in seiner Ausführlichkeit einzigartiger Artikel, der an dieser Stelle leicht gekürzt wiedergegeben werden soll. Unter der Überschrift "Der Unverstand der Kleinstädter" hieß es:

"Die Großstadtfrau der Gegenwart, die unter modernen, aufgeklärten Menschen lebt, weiß nichts von den Nöten und Qualen ihrer Schwester, deren Dasein ein einziges großes Versteckspiel ist, weil das Schicksal sie in eine Kleinstadt unter Spießbürger mit verstaubten, veralteten Ansichten der Urzeit gestellt hat. In unserer heutigen fortschrittlichen Zeit wird es in der Großstadt jeder Frau, deren Natur sie zu dem eigenen Geschlecht treibt, möglich gemacht, ihren Wünschen und Begierden, kurz: ihren Bedürfnissen Rechnung zu tragen. Sie sieht und hört viel, sie kommt mit Gleichgesinnten zusammen, hat mehr als ein Lokal zur Verfügung, in dem sie mit Gleichgesinnten plaudern, tanzen und frohe Stunden verleben kann, sie bekommt an jeder Straßenecke eine Zeitung zu kaufen, die sie auch geistig mit Menschen ihrer Natur in Fühlung treten läßt und kann endlich durch Zusammenschluß mit Artgenossinnen bzw. Beitritt einer der zahlreichen Vereinigungen ihre Interessen weit besser wahren, als es ihr als einzelnes Individuum möglich wäre. Was aber das weitaus Wichtigste ist: Sie gilt nicht als etwas Degeneriertes, Perverses, als etwas Besonderes überhaupt. Denn der moderne Mitmensch, der ein wirkliches Kind seiner Zeit ist, wird ihr Verständnis entgegenbringen, wird sie nie in dem Maße verachten, wie es einmal der Fall war. In dem Straßenbild der Großstadt ist die Lesbierin durchaus keine Einzelerscheinung mehr, und sie wird infolgedessen auch nicht mehr bestaunt wie ein Weltwunder. [...]

Wie anders ergeht es dagegen der Frau, die in der kleinen Stadt keine Gelegenheit hat, ihren Trieben zu leben und die mit ihrer anderen Veranlagung im wahrsten Sinne des Wortes zur Einsamkeit verdammt ist. Zu unterscheiden gilt es hier natürlich zwischen Frauen und Mädchen, die frei und unabhängig leben und solchen, die an Elternhaus oder irgendwelche anderen Menschen gebunden sind, von denen ihnen der Zwang auferlegt wird, weitgehende Rücksichten zu nehmen. Nehmen wir den Fall an, daß die unabhängige Frau wirklich in der Kleinstadt eine Freundin findet, die ebenso unabhängig ist, so werden diese beiden sich wenig um Kleinstadtklatsch und Gerede kümmern. Wenn sie diese selbstverständlichen Begleiterscheinungen aber nicht ertragen können, oder die einzelne Frau keine gleichgesinnte Gefährtin findet und ihr die Einsamkeit dadurch unerträglich wird, so bleibt ihr meistens immer noch der Ausweg, nach der Großstadt zu ziehen, wo sie all das im Ueberfluß haben kann, wonach sie sich sehnt.

Jedoch nicht jeder gelingt das, insbesondere der abhängigen Frau nicht, und das Los der Zurückbleibenden ist hart. Ewig muß die Abhängige eine Maske tragen, ewig und immer muß sie einen vollkommen anderen Menschen spielen, als sie in Wirklichkeit ist, nie und nirgends darf sie ihr wahres, eigentliches Wesen offenbaren. In einer Welt von mißgünstigen, spießerhaften Philistern geht sie einher, die sie aus jeder menschlichen Gesellschaft sofort ausstoßen würden, wenn sie von ihrer Veranlagung wüßten. Glücklich kann sie sich schon nennen, wenn sie einzelne Menschen findet, mit denen sie sich hin und wieder aussprechen kann, seien es Artgenossen oder wenigstens solche, die ihr Verständnis für ihre Veranlagung entgegenbringen und sie nicht verraten.

Eine Hölle bedeutet für sie aber eine Liebesgemeinschaft, sofern sie eine Freundin hat. Selbst für den Fall, daß sie vor ihrer Außenwelt geschickt zu verbergen weiß, welcher Art diese Beziehung ist, bringt diese Liebe ihr ein fortgesetztes Versteckspiel, dauernde Heimlichkeiten und die damit verbundenen Aufregungen für sich und ihre Freundin. Immerhin muß sie mit der Möglichkeit rechnen, daß trotzdem alles ans Tageslicht kommt, denn der Kleinstädter hat Zeit, sich um seine Mitmenschen zu kümmern und findet gern ein Objekt für seine Klatschsucht und Niedertracht. Eigenschaften, die beim Kleinstädter besonders stark ausgeprägt sind, ebenso, Intrigen zu stiften und bösartige Verleumdungen weiterzutragen. Ist aber einmal die Tatsache heraus, so kann die Bedauernswerte sicher sein, daß sie ein Opfer der bösen Zungen wird und in kurzer Zeit in der ganzen Stadt herum ist. Und von dieser Stunde an beginnt eine noch größere Qual für sie, das Meiden, d.h sie ist von nun an gezwungen, der Freundin aus dem Weg zu gehen, wenn sie sich und ihre Gefährtin nicht noch unglücklicher machen will. Ganz schlimme Fälle enden mit einer Verzweiflungstat, die meisten derartigen Freundschaften aber gehen einfach still kaputt, denn es gibt einen Punkt, an dem zwei Menschen, und mögen sie sich auch noch so lieben, durch all das mürbe werden und nicht mehr weiter können. [...]

Hat die Lesbierin nun vielleicht auch ein zeitweises Liebesglück erlebt, dessen Ende herangekommen ist, so wird sie, wenn überhaupt noch einmal, so doch schwerlich in kurzer Zeit einer neuen Freundin begegnen. In der großen Stadt findet man immer wieder andere Menschen, wenn eine Beziehung aus irgendwelchen Gründen beendet werden mußte, hier aber ist eine derartige Frau eine solche Einzelheit, daß es schon eines großen Zufalls bedarf, um ihr eine neue Gefährtin in den Weg zu führen. Und dann kann man doch vor allem nicht jeder Frau, mag sie auch dieselbe Veranlagung besitzen, etwas entgegenbringen. Also ist ihr Schicksal besiegelt. Es heißt Einsamkeit, es sei denn, daß sie die Ehe mit einem ihr gleichgültigen, ja widerlichen Manne aufnehmen will. Wollte sie sich auch einem Mädchen nähern, welches ihr gefällt, sie würde auf Entrüstung stoßen oder ausgelacht werden, zumindestens aber kein Verständnis finden. Denn in der Enge ihres Horizonts kennen die meisten Frauen oder Mädchen der kleinen Stadt überhaupt keinen Begriff, der sich lesbische Liebe nennt, und so kann es ihr täglich passieren, daß eine Frau, der sie auf der Straße nachschaut, weil sie ihr gefällt, ganz verwirrt wird oder sie glatt für verrückt hält, da sie nicht weiß, was man von ihr will. Wie oft liebt sie auf diese Weise im Stillen ohne die geringste Hoffnung auf Gegenliebe, und satt muß sie vom Anschauen ihres Idols werden. [...]

Helft uns, ihr Frauen der Großstadt, unsere Einsamkeit, die größer ist als die eure, tragen, tretet in Fühlung mit uns."[71]

Eine bedrückende Beschreibung der kleinstädtischen und eine ausgesprochen positive des großstädtischen Lebens! Ob dieser Eindruck der Autorin mehrheitlich geteilt wurde, läßt sich nicht mehr feststellen. Die "Garçonne" druckte keine Leserinnenbriefe ab, die sich auf den Artikel bezogen. Doch in einigen Zuschriften von Leserinnen der "Freundin" klangen ähnliche Eindrücke an. So äußerte sich eine Frau über "die einsamen Stunden, von denen mir in der Provinz leider allzu viele beschieden sind [...] Wie beneide ich meine Artgenossinnen und Freundinnen in Berlin! Da wird es doch bestimmt nicht schwer fallen, ein liebes Mädel zu finden. Da gibt es soviel Treffpunkte, Cafés, Klubs ... Mein einziger Trost ist, daß es ja noch mehr Frauen gibt, die so verlassen sind wie ich."[72]

Nicht Berlin, sondern Hamburg erlebte eine andere Kleinstädterin als Ort der Toleranz und Freiheit. Dorthin war sie zu einem Treffen des "Bundes für Menschenrechte" gefahren und hatte es genossen, sich frei und ungezwungen bewegen zu können. In ihrer Heimatstadt lebte sie versteckt.[73] Auch eine weitere Frau empfand, wie die Autorin des Artikels der "Garçonne", ihre Situation in der Kleinstadt als kaum erträglich, wogegen sie einen Umzug in eine "ferne Stadt" mit Glück und Freiheit assoziierte. Sie schrieb: "Da ich viele Rücksichten zu nehmen hatte auf meine Familie, Beruf und dergleichen mehr, blieb mir nur der Weg des Inserats [um eine Partnerin zu finden]. [...] Warum dürfen wir nicht wie die

---

[71] Garçonne Jg. 1931, Nr. 5. (Zusatz der Hgb.: Eigenarten der Schreibweise und Zeichensetzung wurden in den Wiedergaben der zeitgenössischen Texte nicht korrigiert.)
[72] "Meinungsaustausch über 'Die homosexuelle Frau'" in Freundin 3 (1927), Nr. 4
[73] Vgl. "Unsere Leserinnen haben das Wort" in Freundin 4 (1928), Nr. 9. Zum "Bund für Menschrechte" vgl. das Kapitel über subkulturelle Räume.

andern uns frei zu unserer Liebe bekennen, wie ein Dieb müssen wir uns unsere Liebe in aller Heimlichkeit stehlen. Dieses Bewußtsein ist entsetzlich, niemals frei zu sein. Da ich im elterlichen Geschäft tätig bin, kann ich niemals ein freies Menschenkind sein, denn eine eigene Meinung duldet der gestrenge Vater nicht. Meine Eltern, beide absolut 'normal' veranlagt, hassen alles, was 'anders' ist. [...] Alles, selbst die Verachtung, läßt sich ertragen, nur nicht 'verlacht' und bemitleidet zu werden. Wenn die große Masse uns schon nicht verstehen will und kann, so soll sie uns wenigstens den oft schwer erkämpften Frieden lassen. Wir sind ihnen durchaus gleichwertig! In absehbarer Zeit werden meine Freundin und ich hinausziehen in eine ferne Stadt, um dort endlich fern von allem ein frohes, glückliches Leben zu führen. Nichts wird uns zu schwer werden, für unser Glück wollen wir kämpfen, leiden, und wenn es sein muß, sterben. [...]"[74]

In noch weitere Ferne zog es in der bereits erwähnten Fortsetzungsgeschichte zwei junge, miteinander liierte Frauen aus der Kleinstadt S. am Rhein, die nach Amerika auswandern wollten. Ihr Plan scheiterte jedoch an ihren finanziellen Möglichkeiten. Die jungen Frauen sahen nun ihre Situation als ausweglos an und töteten sich.[75]

Als "treffendes Beipiel für die Tragik in der Kleinstadt" bezeichnete die Redaktion der "Garçonne" den Freitod eines Frauenpaares im Vogtland.[76] Den beiden Frauen, einer Krankenschwester und einer Oberhebamme, aus Orten bei Altenburg und Husum gebürtig, wurde in der Leipziger Frauenklinik gekündigt, nachdem ihre Beziehung entdeckt worden war. Einen Artikel über deren Freitod setzte die Redaktion direkt unter den erwähnten Beitrag über den "Unverstand der

---

[74] "Meinungsaustausch über 'Die homosexuelle Frau'" in Freundin 3 (1927), Nr. 6
[75] Vgl. "Das Tagebuch einer Toten" in Freundin 3 (1927), Nr. 1-6
[76] Siehe unter "Plauen i.V." in Garçonne Jg. 1931, Nr. 5, S. 3

Kleinstädter". Sollte damit der Eindruck erweckt werden, daß lesbisches Leben in der "Provinz" so bedrückend war, daß der Tod nahelag? Eine geradezu entgegengesetzte Schlußfolgerung aus dem Freitod der Krankenschwester und der Oberhebamme zog die "Freundin". Dort war zu lesen, dieser Fall beweise, daß der BfM eine Lebensnotwenigkeit sei, weil der Bund gegen die gesellschaftliche Ächtung angehe.[77] Nicht nur die Redaktionen der Zeitschriften deuteten das Leben in der "Provinz" unterschiedlich, sondern auch deren Leserinnen. Während die bisher angeführten Texte nahelegen, daß Frauen kaum Möglichkeiten gehabt hätten, in der quälenden Kleinstadtatmosphäre lesbisch zu leben, geht z.b. aus einem Bericht über eine Erpressung in einer Kleinstadt am Rhein eher Empörung als Resignation oder gar Todessehnsucht hervor. Dort ließ sich eine Frau verschiedenste Schikanen ihrer Vermieterin gefallen, weil ihr diese drohte, andernfalls im Ort von ihrer lesbischen "Veranlagung" zu erzählen. Über diese Zumutung war die Verfasserin des Artikels deutlich erbittert.[78]

Wieder andere Frauen empfanden die Bedingungen in der Kleinstadt als so wenig relevant, daß sie darüber kein Wort verloren. So wurde z.B. in einer Kurzgeschichte ausschließlich das Thema Eifersucht zwischen zwei kleinstädtischen Freundinnen thematisiert.[79] Überwiegend war jedoch von Isolation in kleineren Orten und Städten die Rede. Das aber mußte nicht dazu führen, die Situation passiv zu erdulden, sondern konnte auch in Aktivitäten münden.

So schrieb eine Leserin: "Immer wieder ziehen sich die 'normalen' Menschen von uns zurück. Das gilt hauptsächlich in der Provinz. Man steht hier so allein und wäre doch oft so gern einmal mit Gleichgesinnten für einige frohe Stunden zu-

---

[77] Vgl. "Tragödie 'verirrter' Leidenschaften" in Freundin 7 (1931), Nr. 12
[78] Vgl. den Bericht einer Ärztin in Freundin 7 (1931), Nr. 9
[79] Vgl. Freundin 3 (1927), Nr. 8

sammen. Ich wohne zwischen Gera - Reuß und Plauen. Ob in dieser Gegend nicht noch mehr Gleichgesinnte sind? Ich würde es mit Freuden begrüßen, wenn sich alle Freundinnen melden würden und wir alle zwei Wochen wenigstens zusammenkommen würden. Ev Esper"[80].

Ähnlich aktiv wurde eine andere Leserin. Sie bat die "Freundin" darum, zu einem Zusammenschluß aufzurufen oder die Gründung eines Korrespondenzzirkels zu unternehmen. Sie führte an, gerade "wir Frauen in der 'Provinz' müssen ja so vieles entbehren an Anschlußmöglichkeiten und Gedankenaustausch mit Gleichgesinnten. [...] Ich glaube, daß sehr viele Ihnen dankbar wären und auch mittun würden, wenn Sie sich der Mühe unterziehen, eine Gründung ins Leben zu rufen, die besonders alle vereinsamten Artgenossinnen außerhalb Berlins fassen könnte."[81]

Kontakte per Kleinanzeigen

Annoncen, in denen Freundinnen fürs Leben, Bekannte für Vorhaben wie Wandern und Urlaub, Partner für (Formal-) Ehen sowie feste oder lockere Kreise für geselliges Beisammensein und vieles mehr gesucht wurden, wurden seit 1927 in der "Freundin", ab 1929 in der "Frauenliebe" und seit 1930 in deren Nachfolgerin "Garçonne" aufgegeben.

Kleinanzeigen waren verhältnismäßig teuer. In der "Freundin" kosteten sie bis 1930 pro Wort 10 Pfennige; danach sogar das Doppelte. Zusätzlich fielen die Chiffregebühren an. In der "Garçonne" zu inserieren, war dagegen etwas günstiger (pro Wort 15 Pf., bei Chiffre 20% mehr), aber vermutlich nicht so attraktiv, da sie weniger verbreitet war. Zweifellos konnten - gerade während der Weltwirtschaftskrise ab 1929 - sich nicht

---

[80] "Meinungsaustausch über 'Die homosexuelle Frau'" in Freundin 3 (1927), Nr. 6
[81] Vgl. "Die Freundin hat das Wort" in Freundin 7 (1931), Nr. 50

alle interessierten Frauen Annoncen finanziell leisten. Tatsächlich nahm die Anzahl der Inserate von Frauen 1930 nach der Preiserhöhung in der "Freundin" stark ab. Grundsätzlich erlauben also die erschienenen Anzeigen keinen Aufschluß darüber, wie reizvoll es Frauen gegen Ende der zwanziger Jahre erschien, auf diesem Weg eine Partnerin etc. zu suchen. Aufschlußreich sind die Kleinanzeigen dennoch, denn an ihnen sind zumindest die Bedürfnisse einiger Frauen erkennbar. Darüber hinaus lassen die Anzeigen auch Vermutungen über die reichsweite Verbreitung der Zeitschriften zu.

Bedeutend waren solche Anzeigen vermutlich, um die Isolation als Anderartige, als *Artgenossinnen* zu überwinden. Gestützt wird diese Annahme durch zwei authentisch wirkende Kurzgeschichten über Begegnungen, bei denen Annoncen eine entscheidende Rolle spielten. Eine der Geschichten handelte von zwei Frauen, die im selben Lokal arbeiteten und sich mochten, aber aus Angst vor Zurückweisung und Verachtung ihrer lesbischen "Art" nicht aufeinander zugingen. Leider blieb der Ort der Geschichte ungenannt. Nachdem die eine anonym auf eine Anzeige der anderen antwortete, hatte sich zwischen ihnen ein reger Briefwechsel unter falschem Namen entwickelt. Nach einer Weile kam es zu einer Verabredung, bei der sich beide Frauen zunächst auswichen, da es ihnen ausgeschlossen erschien, daß die Brieffreundin und die Kollegin dieselbe Person sein könnte. Schließlich traten sie sich jedoch offen gegenüber und wurden unverzüglich ein Paar.[82]

In einer weiteren Kurzgeschichte entwickelte sich aus einer Annonce zwischen zwei Frauen aus verschiedenen Kleinstädten ein Briefkontakt, der immer persönlicher und inniger wurde. Als die eine die andere besuchte, verliebten sie sich ineinander und verbrachten zusammen einige glückliche Wochen. Die Geschichte endete, anders als die vorige, unglück-

---

[82] Vgl. Freundin 8 (1932), Nr. 12

lich und sehnsüchtig, denn die eine fuhr zurück nach Hause, während die andere in ihrem Heimatort blieb.[83] Warum sie sich räumlich trennten, blieb nebulös. Möglicherweise sollte dies die Ausweglosigkeit einer lesbischen Liebe in Kleinstädten illustrieren.

Ein weiterer Hinweis über die Bedeutung von Annoncen ergibt sich aus einer Warnung des Herausgebers der "Freundin": "Es gibt draußen im Reich sehr viele Artgenossinnen, die in der 'Freundin' inserieren und gesellschaftlichen Anschluß suchen. Wenn nun Offerten eingehen, dann sind sie so leichtgläubig und schütten gleich ihr ganzes Herz den Offertenschreibern aus, trotzdem sie weder die Wohnung noch den Namen kennen."[84] Das sei leichtsinnig, denn Spitzel der Staatsanwaltschaft könnten "ganz spezialisierte Fragen in Bezug auf das Geschlechtsleben stellen", woraufhin Anklage nach § 184 (Anbahnung von unzüchtigen Handlungen) drohe. Obwohl es nicht ausdrücklich formuliert wurde, ist doch offensichtlich, daß der allzu offene Umgang mit Annoncen dem dringenden Bedürfnis der Frauen "draußen im Reich" - also Orte, die außerhalb der leuchtenden Metropole Berlin lagen - entsprang, ihre Einsamkeit zu überwinden.

Inserate wurden aus sehr vielen Gegenden aufgegeben. Es annoncierten sowohl viele Leserinnen aus Orten ohne jegliche homosexuelle bzw. lesbische Subkultur als auch aus Städten mit ausgeprägter Subkultur wie Berlin oder Hamburg. Aus ausnahmslos allen Städten, für deren Lokale oder Ortsgruppen in der "Freundin" und der "Garçonne" geworben wurde, finden sich ebenfalls Bekanntschaftsanzeigen. Diese Orte sind im Kapitel über die Subkultur angeführt. Weiterhin suchten Frauen aus Baden, Bodenbach/Elbe, Celle, Cuxhaven, Dessau, Erfurt, Gera, Gladbach, Heidelberg, Kiel, Konstanz, der Lau-

---

[83] Vgl. Freundin 8 (1932), Nr. 19
[84] "Spitzeltum" in Freundin 8 (1932), Nr. 4

sitz, Lüneburg, Mönchen-Gladbach, Pforzheim, Plauen i.V., Potsdam, Recklinghausen, Rostock, Tetschen a.e., Wiesbaden und Würzburg eine Partnerin.[85] In der "Provinz" war es also durchaus verbreitet, aktiv Kontakt zu anderen Frauen, die sich als homosexuell identifizierten, zu suchen und die Zeitschriften als Verbindung untereinander zu nutzen.

Immer wieder wurden auch Ehepartner gesucht, was in einer Zeitschrift für gleichgeschlechtlich liebende Frauen zunächst verblüfft. Hier läßt sich spekulieren, ob die Inserentinnen dem sozialen Druck zur Heirat nachgaben, ohne jedoch tatsächlich eine heterosexuelle Liebe anzustreben. Wenn sie letzteres beabsichtigt hätten, würden sie vermutlich nicht in Zeitschriften für *Artgenossinnen* annonciert haben, denn es ist nicht wahrscheinlich, daß heterosexuell begehrende Männer die "Freundin" oder die "Garçonne" lasen und dort nach Heiratskandidatinnen suchten. Dagegen waren männliche Transvestiten durchaus eine Zielgruppe der Zeitschriften; immerhin hatten die "Freundin" wie auch die "Garçonne" einen Sonderteil für sie. Die Vermutung liegt also nahe, daß die Inserentinnen vorhatten, *Artgenossen* zu heiraten.

Solche Heiratsgesuche scheinen nicht häufiger in kleineren Orten als in Großstädten aufgegeben worden zu sein. Selbst in der lesbischen Metropole Berlin wurden immer wieder Ehemänner per Anzeige gesucht. Warum aus kleineren Orten nicht auffällig mehr Ehewünsche annonciert wurden als aus Großstädten, läßt sich nur vermuten. Möglicherweise gingen etliche Frauen in kleineren Orten davon aus, daß kein *Artgenosse* in ihrer Region lebte, der die Zeitschriften und Anzeigen lesen würde. Oder aber sie hatten nicht einmal die Wahl

---

[85] Die hier angeführten Inserate standen in der "Freundin" und der "Garçonne". Angeführt sind alle Anzeigen, bei denen eindeutig Frauen andere Frauen suchten. Unklare, möglicherweise von Transvestiten oder anderen Männern stammende Anzeigen sind nicht einbezogen. Bei Inseraten ohne Ortsangabe gehe ich angesichts der allgemeinen Konzentration auf Berlin davon aus, daß sie aus Berlin stammten.

zwischen verschiedenen potentiellen Ehemännern - womit eine solche Anzeige erst Sinn machen würde -, weil ihnen ein Gatte von den Eltern aufgezwungen wurde. Vielleicht jedoch war der soziale Druck zur Ehe dort nicht wesentlich stärker als in Großstädten. Leider waren für keine dieser Vermutungen Indizien zu finden.

Überwiegend suchten lesbisch lebende Frauen in ihren Anzeigen jedoch nicht Männer, sondern andere Frauen. Manchmal blieb die erwünschte Zielgruppe geschlechtsneutral, wie z.B. in dieser Anzeige: "Stuttgart. Idealdenkende [homosexuelle] jüngere Menschen, die Lust haben, sich zu einem Wanderklub zusammen zuschließen, wollen sich melden unter [...]"[86] Aus anderen Inseraten wurde nicht deutlich, ob geschlechtsneutrale Formulierungen bedeuteten, daß auch Kontakt mit Männern erwünscht war. Dies ist zwar nicht auszuschließen, aber zweifelhaft. So hieß es z.B. ganz schlicht: "Junge Münchnerin, fremd, sucht in Nürnberg Anschluß"[87] oder auch: "Fräulein, 22, gebildet, sucht gesellschaftlichen Anschluß in Dresden oder Umgebung"[88] Sich selbst als "gebildet" zu beschreiben bzw. diese Eigenschaft bei anderen Leserinnen zu suchen, war übrigens sehr verbreitet. Vielleicht sollte es auf die Klassenlage hinweisen, eventuell signalisiert es aber auch eine (mir unbekannte) Kodierung.

Wenn "gesellschaftlicher Anschluß" gesucht wurde, war das häufig klassenbewußt formuliert, wie z.B.: "Frankfurt a.M.. Wo findet Dame, 28 Jahre, gesellschaftlichen Anschluß an ebensolche, gut situierte Damen oder kleinen Kreis?"[89] Am

---

[86] Freundin 3 (1927), Nr. 8. Bei allen in dieser Arbeit angeführten Kontaktanzeigen gaben die Frauen Chiffre an. Die entsprechenden Ziffern zitiere ich nicht mit. Ebenfalls nicht angeführt werden die Seiten, auf denen sich die Kontaktanzeigen befinden. Grundsätzlich sind sie alle in der entsprechenden Rubrik ("Kleine Anzeigen" etc.) erschienen.
[87] Garçonne Jg. 1931, Nr. 9
[88] Freundin 3 (1927), Nr. 7
[89] Freundin 6 (1930), Nr. 21

beliebtesten scheint folgende Formulierung gewesen zu sein: "Achtung [hier folgte der Name der Stadt; in diesem Fall] Hamburg! Wo treffen sich Freundinnen höherer Kreise, evtl. privat?"[90] Nicht nur informelle Kreise, sondern auch Klubs wurden per Anzeige gesucht: "Besteht in Wiesbaden ein vornehmer Damenklub, dem ich beitreten kann?"[91] Häufig war auch ein zweites Paar gefragt: "Hannover. Zwei Damen wünschen gesellschaftlichen Anschluß an ebensolche"[92] oder aber beides zugleich: "Leipzig. Geb. [vermutlich: gebildetes] idealdenkendes [lesbisches] Freundinnenpaar wünscht ebensolches, oder besserem Klub beizutreten."[93] Einige wenige Anfragen nach Gruppierungen ließen offen, welcher Schicht die Frauen angehörten, wie z.B.: "Halle a.S. Wo treffen sich Freundinnen?"[94]

Wegen der Kürze der Annoncen und der Vorliebe für Phrasen kann nicht rekonstruiert werden, was die Frauen in den Klubs, Kränzchen und Zirkeln suchten. Vielleicht sehnten sie sich nach Unterhaltung oder nach Zugehörigkeit zu einer festen Gruppe, vielleicht schien es ihnen auch ein unverfänglicher Weg zu sein, unverbindlich erotische Kontakte zu suchen oder eine Lebensgefährtin kennenzulernen.

Selten warben Gruppierungen oder Privatzirkel selbst per Annonce um neue Mitglieder. Wenn solche Anzeigen erschienen, waren sie überwiegend an "Damen" gerichtet, teilweise ausdrücklich an solche aus "besseren" Kreisen. So war z.B. zu lesen: "Magdeburg. Damen können an Tanzkränzchen teilnehmen"[95] bzw. "Leipzig. Vornehmer, neugegründeter Privat - Damenklub fordert Interessentinnen aus nur guten Kreisen zur Adressenangabe auf. Möglichst nicht anonyme (Bild) Offer-

---

[90] Freundin 5 (1929), Nr. 23
[91] Freundin 5 (1929), Nr. 16
[92] Freundin 8 (1932), Nr. 6
[93] Garçonne Jg. 1931, Nr. 9
[94] Freundin 6 (1930), Nr. 7
[95] Freundin 7 (1931), Nr. 9

ten."[96] Vereinzelt erschienen auch schlichte Inserate wie das folgende: "Hamburg. Zwecks Klubgründung einsame Freundinnen erwünscht."[97]

Häufig wurden in Anzeigen freimütig Wünsche nach einer Liebesbeziehung geäußert. So hieß es z.B.: "Fräulein, Nähe Dresden, 23 Jahre, sucht Freundin"[98] oder "Celle. Frau, 40 Jahre, sucht ebensolche verstehende Freundin"[99]. Nur vereinzelt beschrieben sich die Inserentinnen näher. Daher erschienen wenig Annoncen wie diese: "Hamburg. Einsame, verheiratete, junge Frau wünscht Freundin mit Herzensbildung."[100] Gerade verheiratete Frauen inserierten kaum - oder sie schrieben zumindest nicht offen in ihre Anzeigen, daß sie verheiratet waren.

Generell lassen sich nur selten persönliche Beschreibungen in den Kontaktanzeigen der "Freundin", "Frauenliebe" und der "Garçonne" finden. Über positiv oder auch negativ bewertete Attribute sowie Sehnsüchte, Idealvorstellungen usw. ist deshalb durch die Kleinanzeigen wenig zu erfahren. Doch immerhin wird deutlich, daß die materiellen Lagen wie auch "Bildung" und "Herzensbildung" häufig betont und offenbar von hoher Bedeutung waren.

---

[96] Frauenliebe 5 (1929 oder 1930), Nr. 10
[97] Freundin 9 (1933), Nr. 4
[98] Freundin 6 (1930), Nr. 15
[99] Freundin 8 (1932), Nr. 37
[100] Freundin 6 (1930), Nr. 49

Drittes Kapitel
Subkulturelle Räume

Der Besuch von Lokalen der lesbischen bzw. homosexuellen Subkultur machte zwar selten einen entscheidenden Teil des Alltags der Frauen aus, aber die Lokale an sich waren als Orte der Begegnung mit anderen *Artgenossinnen* bedeutend. Das gilt auch für die Selbstorganisationen der gleichgeschlechtlich Liebenden. Diese Organisationen bemühten sich, das öffentliche Bild von gleichgeschlechtlicher Liebe den modernen Erkenntnissen der emanzipatorischen Sexualwissenschaft anzupassen, und waren, soweit gemischtgeschlechtlich, von Männern dominiert.

Lesbisch lebende Frauen schufen in den zwanziger Jahren auch ihre eigenen Organisationen. So existierten außer dem Dachverband "Bund für ideale Frauenfreundschaft" eine Fülle von Damengruppen, Klubs, Vereinen und mehr oder weniger privaten Zirkeln bzw. Cliquen. Diese Strukturen der lesbischen bzw. homosexuellen Subkultur waren regional unterschiedlich ausgeprägt. Teilweise existierte durchaus auch in kleineren Städten eine stabile Subkultur.

Lokale

Sich ständig amüsierende Frauen in einer schillernden Umgebung - das wird immer wieder mit der lesbischen Subkultur der zwanziger Jahre verbunden.[101] Doch diese Annahme ist zu bezweifeln. So stellt sich z.B. die Frage, welcher Schicht die Frauen angehören mußten, auf die dies zutreffen sollte. Auch die dort verbrachte Zeit machte nur einen verschwindend ge-

---
[101] So z.B. von Meyer 1981, S. 14

ringen Anteil des Alltags vieler Frauen aus. Deren Alltag fand vor allem am Arbeitsplatz, in der Wohnung oder im Freien statt.[102] Schließlich ist auch nach der Verbreitung und den Angeboten der Lokale zu fragen. Für die "Provinz" ist nicht anzunehmen, daß Lokale dort generell jederzeit und überall offenstanden.

Viele Frauen konnten nicht einmal gelegentlich Lokale besuchen, weil ihre finanziellen Mittel dafür nicht ausreichten. Hier sei an die Armut durch Inflation und Massenarbeitslosigkeit erinnert. Die damals arbeitslose G.M. hatte z.B. über lange Zeit den sehnlichen Wunsch gehabt auszugehen. Tatsächlich konnte die Berlinerin sich in mehreren Jahren aber lediglich je einmal den Besuch eines Weihnachtsballes eines Vereins lesbisch lebender Frauen und eines Lokals für gleichgeschlechtlich begehrendes Publikum leisten.[103]

Andere lehnten die Lokale ab, weil die Atmosphäre dort von Außenseitertum geprägt war[104] oder weil sie sich nicht in der Halböffentlichkeit von Lokalen zeigen wollten. So empfand eine Berlinerin das offen lesbische Klima in den Lokalen geradezu als "ekelhaft"[105], so daß es bei zwei Besuchen blieb. Für sie war ihre Form zu leben und zu lieben etwas, das sie als Privatsache empfand. Ähnlich eine Leserin der "Garçonne", die sich dafür aussprach, "neutrale", nur Eingeweihten bekannte Treffpunkte wie Badesonntage etc. einzurichten und die Termine keinesfalls zu veröffentlichen.[106] Ilse Kokula, die etliche Interviews mit lesbisch lebenden Frauen über die

---

[102] Vgl. Kokula 1983, S. 15
[103] Vgl. Brief von G.M. in Kokula 1986, S. 90
[104] Vgl. z.B. Ackers 1923. In diesem Roman ist auf den Seiten 115-125 ein interessantes Zwiegespräch über Vor- und Nachteile von Tanzlokalen enthalten.
[105] Vgl. Interview mit "Branda" (Pseudonym) in Kokula 1986, S. 94f
[106] Vgl. Garçonne Jahrgang 1931, Nr. 13

zwanziger Jahre führte, vermutet sogar, daß ein Großteil der Frauen der Subkultur ambivalent begegnete.[107]

Wenn auch Besuche von Lokalen der lesbischen Subkultur nur für einige der sich als homosexuell empfindenden Frauen attraktiv, erschwinglich und zugänglich waren, so waren diese Lokale doch bedeutend. Hier mußten *Artgenossinnen* nicht davon ausgehen, mit Mitleid oder Abscheu betrachtet zu werden.[108] In diesen Lokalen trafen sie - so charakterisierte zumindest Ruth M. Roelling 1928 die Berliner Treffpunkte - überwiegend auf von außen eher unauffällige Bars und Tanzlokale mit Stammkundschaft. Die Atmosphäre wurde als fremdartig beschrieben: "Überall bevorzugt man eine sentimentale Musik, Stimmung ist die Hauptsache - Stimmung, die hinüberleitet aus dem blassen Alltag in jene fremde, unbegreifliche Welt der Frauenliebe [...]"[109]

In Hamburg, so erinnert eine in den zwanziger Jahren dort lebende Frau, wurden die ihr bekannten Lokale vor allem von jungen Arbeitertöchtern besucht, die dort Kontakte knüpften, flirteten, tanzten und sich amüsierten. Ältere Frauen sah sie sehr selten dort, und sie hatte den Eindruck, die Lokale seien grundsätzlich "nur für die untere Schicht. In diesen Lokalen verkehrten keine bürgerlichen Menschen."[110] Allerdings nahm sie an, daß in den reicheren Vierteln Lokale für "Damen aus der guten Gesellschaft"[111] existierten. Auch eine Leserin der "Freundin" betonte, standesbewußtes Verhalten würde sehr trennen, so daß feste Zusammenschlüsse erschwert seien.[112] Leider muß mangels weiterer Quellen die Frage offen bleiben,

---

[107] Vgl. Kokula 1986, S. 93
[108] Vgl. Ruth M. Roelling: Berlins lesbische Frauen. Berlin 1928
[109] Ebd.; hier zitiert nach Meyer (Hg.) 1981, S. 42. Andere Beschreibungen konnte ich nicht finden.
[110] Kokula 1986, S. 79
[111] Ebd. Eine ähnlich scharfe Trennung erlebte auch eine Berlinerin. Vgl. ebd., S. 72
[112] Vgl. "Die Freundin hat das Wort" in Freundin 8 (1932), Nr. 1

ob - und wenn, wo - solche scharfen Trennungen üblich waren und auch mehrheitlich so empfunden wurden.

Organisationen

Sich als *Homosexuelle* zu organisieren, war keine Errungenschaft der zwanziger Jahre. Die älteste politische Vereinigung, die sich um Rechte und Belange der *Homosexuellen* kümmerte, war das 1897 von dem Sexualreformer Magnus Hirschfeld und anderen gegründete "Wissenschaftlich-humanitäre Komitee" (WhK). Vom WhK gingen in Zusammenarbeit mit dem 1919 gegründeten "Institut für Sexualwissenschaft" viele Petitionen, Kongresse und Aufklärungsschriften aus. Beide Organisationen engagierten sich für die Streichung des § 175 StGB und für ein als modern verstandenes, sexualwissenschaftlich geprägtes Bild von gleichgeschlechtlich Liebenden. Von dort gingen international anerkannte wissenschaftliche Forschungen aus, Sexualberatung wurde angeboten, Vorträge gehalten u.v.m.[113] Wenig Bedeutung kam dem WhK als Organisationsform für sich als homosexuell identifizierende Frauen zu, denn es war eine Gruppierung, die - zumeist männliche - Prominente als Mitglieder suchte. Lediglich während der Debatten um eine Ausweitung der Strafbarkeit gleichgeschlechtlicher Sexualität auf Frauen um 1911 bekam die weibliche Homosexualität in der Arbeit des WhK mehr Gewicht.[114]

In der Anfangszeit der Republik gingen aus dem WhK mehrere Ortsgruppen hervor, deren zumeist männliche Mitglieder sich politisch engagieren wollten, weil sie über die Beibehaltung des alten § 175 StGB in der neuen Republik enttäuscht waren und die darüber hinaus Interesse an Freizeitverbindungen hatten. Aus diesen Ortsgruppen entstand 1923 der "Bund für Menschenrechte e.V." (BfM), eine schnell an-

---

[113] Vgl. dazu z.B. Baumgardt 1993
[114] Vgl. dazu Sillge 1993

wachsende Vereinigung: bereits 1924 zählte er reichsweit 30 Ortsgruppen.[115] Im Gegensatz zum WhK strebte der BfM an, eine Massenorganisation zu werden.[116] Wenige Jahre später wurde der BfM mit zeitweilig (nach eigenen Angaben) 48.000 Mitgliedern zur größten jemals existierenden Organisation der gleichgeschlechtlich Liebenden.[117]

Entsprechend der Menge der Mitglieder erreichte das offizielle Bundesorgan des BfM, die halbmonatlich bzw. monatlich erscheinenden "Blätter für Menschenrecht", einen großen LeserInnenkreis.[118] Darüber hinaus wurde die Zeitschrift "Die Freundin" vom Vorsitzenden des BfM herausgegeben, kann also geradezu als verbandseigene Zeitschrift betrachtet werden. Damit gab der BfM die bedeutendsten Zeitschriften für gleichgeschlechtlich Liebende in der Weimarer Republik heraus.

Der BfM setzte die große Zahl seiner Mitglieder auch in der politischen Auseinandersetzung ein. So wurden zum Beispiel zur Wahl stehende Parlamentarier nach ihrem Verhältnis zur Homosexualität und dem § 175 StGB befragt, die Antworten veröffentlicht und daraus Empfehlungen zur Wahl abgeleitet. Diese Empfehlungen bezogen sich vor allem auf die SPD, weil sie zu den wenigen Parteien gehörte, die den § 175 StGB ablehnten. Abgesehen von diesen Wahlvorschlägen vertrat der BfM eine strikte politische Neutralität. Dahinter stand die Befürchtung, daß eine ausdrücklich politische Haltung eventuell einen Teil der Mitglieder zum Austritt bewogen hätte, denn nach einer internen Statistik von 1926 waren ungefähr jeweils die Hälfte der Mitglieder politisch rechts bzw. links einzuordnen.[119] Möglicherweise war es diesem Ver-

---

[115] Vgl. Behrens 1981, S. 25-27
[116] Vgl. Schoppmann 1985, S. 25
[117] Vgl. Kokula 1984, S. 150
[118] Vgl. Baumgardt 1984, S. 39f
[119] Vgl. z.B. "Wir und die Reichstagswahl" in Freundin 6 (1930), Nr. 32 sowie "Zur Reichspräsidentenwahl" in 8 (1932), Nr. 14 und in Nr. 44

ständnis von politischer Neutralität geschuldet, daß der BfM im Februar 1933 von den Nationalsozialisten ohne nennenswerten Protest zerschlagen werden konnte.[120]

Neben dem Engagement gegen den § 175 StGB und dem der Werbung für die sexualreformerische Auffassung von Homosexualität beinhaltete die Arbeit des BfM auch Angebote zur Freizeitgestaltung. So wurden beipielsweise von der Frankfurter "Abteilung für Geselligkeit" offene Abende veranstaltet oder, wie in Barmen-Elberfeld, öffentliche Versammlungen abgehalten. In sehr vielen Städten der Republik feierten die Ortsgruppen verschiedene Feste, zu denen entweder alle Interessierten eingeladen waren oder interessierte Menschen durch Mitglieder eingeführt werden konnten.

Leider liegen kaum Angaben über das Geschlecht der Mitglieder oder die regionalen Strukturen des BfM vor. Dies könnte eventuell anhand der bereits erwähnten Statistik von 1926 herauszufinden sein, die jedoch nicht veröffentlicht wurde. Wahrscheinlich waren Frauen nicht in der Mehrheit; in seinen Zielen und dem öffentlichen Auftreten war der BfM jedenfalls männlich dominiert.[121] Möglicherweise wurden aus diesem Grund immer wieder eigene Zirkel, zumeist als "Damengruppen" bezeichnet, gegründet. Vielleicht schien es den dort aktiven Frauen aber auch attraktiver zu sein, Freizeitgestaltung und Lobbyarbeit unter sich zu gestalten, und zwar unabhängig von der Menge und Dominanz der Männer im gemischtgeschlechtlichen BfM.

Die erste Spur separater Gruppen findet sich bereits 1924 in einem Aufruf der Vorsitzenden der Berliner Damengruppe des BfM: "Da viele Versuche, in den Provinzen Damengruppen einzurichten, mißglückt sind, möchten wir es jedem Gruppenführer empfehlen, solche Zusammenkünfte für die

---

[120] Vgl. z.B. Schoppmann 1985, S. 25
[121] Vgl. Lauritsen / Thorstad 1984, S. 86f

Damen einzurichten."[122] Offenbar waren also zu diesem Zeitpunkt bereits etliche Anläufe unternommen worden.
1927 wendeten sich Leserinnen aus Hamburg, Köln und Frankfurt a.M. an die "Freundin", um Unterstützung bei der Gründung von Damengruppen zu erhalten.[123] Daraufhin veröffentlichte die "Freundin" dieses Anliegen und mehrere Adressen, an die sich Interessierte wenden konnten. Wenig später wurden die Adressen von Damengruppen des BfM in 13 deutschen Städten veröffentlicht.[124] In den folgenden Jahren unternahmen Leserinnen und Redakteurinnen der "Freundin" aus verschiedenen Orten immer wieder Initiativen, um Damengruppen zu gründen bzw. zu erweitern.

Darüber hinaus wurde seit 1927 daran gearbeitet, einen eigenen Verband zu gründen, der zunächst "Bund für Frauenrecht" heißen sollte.[125] 1930 schließlich kündigte die Leiterin der Berliner Damengruppe, Lotte Hahm, den Verband als *"Bund für ideale Frauenfreundschaft"* (BfiF) an; er war dem BfM angeschlossen. Alle *Artgenossinnen* sollten sich zunächst reichsweit in den inzwischen 15 Damengruppen des BfM organisieren, die sich wiederum der Öffentlichkeit als Teil des BfiF präsentieren sollten.[126] Leider wurde nach diesem Aufruf nichts weiteres über den Werdegang des Bundes veröffentlicht, so daß offen bleiben muß, wieviele Mitglieder er hatte und welche praktische Arbeit er leistete.

---

[122] Artikel von Aenne Weber über Unterhaltungsabende für Damen in Freundin 1 (1924), Nr. 6
[123] Vgl. "Achtung! Damen!" in Freundin 3 (1927), Nr. 19
[124] Vgl. "Die Damengruppen des Bundes für Menschenrecht" in Freundin 3 (1927), Nr. 22
[125] In der Freundin 3 (1927), Nr. 1 wurde per Kleinanzeige eine Propagandistin für denselben gesucht. Da die mir bekannte Literatur den Bund für Frauenrecht bzw. den BfiF kaum erwähnt, bin ich auf Angaben aus der Freundin angewiesen.
[126] Aufruf in der Freundin 6 (1930), Nr. 19. Die Statuten des Bundes sind in ebd., Nr. 22 angeführt.

Im Vergleich zum BfM scheint die konkurrierende Organisation, der "Deutsche Freundschafts-Verband" (DFV), zumindet in weiten Teilen der "Provinz" relativ unbedeutend gewesen zu sein. Die Zahl der Mitglieder des DFV ist nicht bekannt. An den Anzeigen in den verbandsnahen Zeitschriften läßt sich ablesen, daß er weniger Ortsgruppen als der BfM besaß. Der DFV gab in den Jahren 1926 - 1931 "Die Freundschaft" und "Die neue Freundschaft" v.a. für *Artgenossen*, die "Frauenliebe", "Frauen Liebe und Leben" sowie die "Garçonne" v.a. für *Artgenossinnen* heraus.[127]

Über die politischen Vereinigungen hinaus sind an dieser Stelle die Klubs und Vereine zu erwähnen, die eine häufige Organisationsform lesbisch lebender Frauen waren. In mehreren deutschen Städten existierten Kegelklubs, Geselligkeitsvereine, Sparvereine etc., die teilweise dem BfM oder dem DFV angeschlossen waren. Eine unbekannte Anzahl dieser Gruppierungen schloß sich keinem größeren Zusammenhang an. Abwertend äußerte Olga Stahl, Hilfskassiererin des BfM, alle "anderen Vereinchen und Klubs, die nur privaten Interessen dienen, werden uns niemals zum Ziele führen. ... Wer wirklich einwandfreien und anständigen Verkehr sucht, der kommt zu uns!"[128]

In Berlin schufen die meisten Damenklubs ein typisches Vereinsleben mit Vorstand, Mitgliedsversammlungen, Ausweisen, Abzeichen und Vereinsfahnen, worauf sie sehr stolz waren. Vielleicht galt das auch für die "Provinz", denn ein Teil der Klubs war vernetzt. So engagierte sich z.B. der Berliner Damenklub "Violetta" 1930 für die Gründung eines ebensolchen Klubs in Hamburg, an dessen erstem Abend immerhin

---

[127] Vgl. Schlierkamp 1984, S. 169. In der Literatur wird der DFV zumeist nur am Rande erwähnt; anscheinend ist entweder die Quellenlage zu dünn oder das Interesse nicht vorhanden, die Geschichte des DFV zu erforschen.
[128] "Gleichgeschlechtlichliebende Frauen" in Freundin 3 (1927), Nr. 15

70 neue Mitglieder erschienen.[129] Auch der Berliner Damenklub "Monbijou" pflegte zumindest zu der Chemnitzer Damengruppe "Geselligkeit" Kontakte und schenkte ihr zum einjährigen Stiftungsfest ein Banner. Anläßlich dieses Ereignisses erschien in der "Garçonne" ein Bericht, in dem Lob geäußert wurde: "So frei und ungezwungen sah ich selten Artgenossen sich bewegen. [...] Nichts erinnert daran, irgendwie nur geduldet zu sein. Und welche Gemeinschaftskraft strahlt von der kleinen energischen Leiterin aus. Was sie hier in einem Jahr zäher, unermüdlicher Arbeit zusammengetragen hat, grenzt an das Geniale."[130]

Auf welche Weise interessierte Frauen Mitglieder in diesen Klubs werden konnten, ist nicht bekannt. An den Kleinanzeigen in Zeitschriften wie der "Freundin" läßt sich ablesen, daß etliche Frauen eine Annonce für einen geeigneten Weg hielten. Sehr selten warben die Klubs selbst per Inserat neue Frauen, was die Vermutung zuläßt, daß es sich um geschlossene Gruppen handelte, die sich nur in Ausnahmefällen auf diese Weise um neue Mitglieder bemühten. Möglich wäre auch, daß die Klubs neue Frauen vor allem im sozialen Nahfeld warben und deshalb nicht annoncierten.

Als Form der Organisation nicht zu vergessen sind die mehr oder weniger privaten Cliquen im kleinen Kreis. Diese Cliquen traten selten öffentlich auf und haben kaum Spuren hinterlassen. In der "Freundin" findet sich eine Fortsetzungsgeschichte, in der eine Clique beschrieben wurde, die sich regelmäßig zum Kaffeekränzchen traf. Hier lasen sich die Frauen Gedichte vor oder erzählten von ihren Sorgen und Hoffnungen, von ihren Geliebten und Freundschaften.[131]

---

[129] Vgl. Gudrun Schwarz in ihrer Einleitung zu Meyer (Hg.) 1981, S. 18-23
[130] "Rundschau" in Garçonne Jg. 1931, Nr. 23
[131] Vgl. Fortsetzungsgeschichte "Briefe an eine Freundin" ab Freundin 7 (1931), Nr. 4

Treffpunkte von Barmen-Elberfeld bis Zwickau

Während der zwanziger Jahre existierten mehr Treffpunkte für *Freundinnen* als je zuvor, denn erst jetzt war ein lesbisches Selbstverständnis massenhaft verbreitet. In diesem Kapitel wird das Angebot an Subkultur so rekonstruiert, wie es sich den Leserinnen der Zeitschriften darbot.[132] In der "Freundin", der "Garçonne" usw. erschienen regelmäßig Anzeigen für Lokale, Ortsgruppen oder Damenklubs.[133]

Wie im Kapitel über die Zeitschriften bereits ausgeführt wurde, waren die "Freundin" usw. für etliche einsame Frauen in der "Provinz" die wichtigste Verbindung zu anderen *Artgenossinnen*. Hier erfuhren sie von Gruppierungen, Festen und Lokalen.

Die Auswertung der Anzeigen in den Zeitschriften bietet ein Bild dessen, welche Angebote lesbisch lebende Frauen in der "Provinz" wahrnehmen konnten, sofern sie die Zeitschriften lasen. Doch die Gesamtheit der Treffpunkte läßt sich auf diese Weise nicht lückenlos rekonstruieren. Da keine dieser Zeitschriften vor 1924 erschien, sind Angaben über den Zeitraum zu Anfang der zwanziger Jahre nicht zu erwarten. Auch kann nicht vorausgesetzt werden, daß die Mehrzahl der Gruppierungen und Lokale inserierte, statt sich auf mündliche Werbung ihrer Besucherinnen zu stützen. Die Aufnahme einer unbekannten Anzahl von Anzeigen wird weiterhin abgelehnt worden sein: zumindest die Redaktion der "Freundin" erklärte stolz, daß sie keine Werbung für Lokale veröffentliche, die ihr

---

[132] Es wäre reizvoll, diese Darstellung mit Ergebnissen regionaler Forschung sowie der Analyse von Zeitschriften, die an gemischtgeschlechtliches homosexuelles Publikum gerichtet waren zu vergleichen. Das war mir im Rahmen der Magisterarbeit jedoch nicht möglich.

[133] Da mir nicht alle Ausgaben der jeweiligen Zeitschriften zugänglich waren, kann die Darstellung nicht lückenlos sein. Von der "Freundin" lagen mir nicht vor: 2 (1925), ab Nr. 10; 3 (1927), Nr. 20; 6 (1930), Nr. 16 und 17 sowie 8 (1932), Nr. 25. Die ersten vier Jahrgänge der "Frauenliebe" konnte ich ebenfalls nicht ausleihen. Vermißt habe ich weiterhin die Ausgaben der "Garçonne" ab Jahrgang 1931, Nr. 25.

dubios erschienen.[134] Einige Anzeigen waren wiederum undeutlich formuliert; aus ihnen ging nicht hervor, ob um männlich-transvestitisches oder auch um lesbisches Publikum geworben wurde.[135]

Auch Orts- und Damengruppen sind möglichweise stärker verbreitet gewesen, als es den Anschein hat. Etliche Gruppen wurden namentlich erwähnt, doch Inserate wie das folgende lassen mehr vermuten: "*Die Damengruppen des BfM nehmen noch neue Mitglieder auf! Einwandfreie Damen wollen sich an folgende Adressen melden: ... Auskunft für jede deutsche Stadt erteilt die Geschäftsstelle des Bundes, Berlin, Neue Jakobstr.9*"[136]

Es ist also festzuhalten, daß die Inserate in den Zeitschriften nur einen Ausschnitt aus der lesbischen Subkultur in der Weimarer Republik zeigen. Bereits anhand dieses Ausschnittes wird deutlich, welche Fülle von Kontaktmöglichkeiten in der "Provinz" geboten wurden. Auf den folgenden Seiten wird das subkulturelle Leben der Weimarer Republik, wie es sich in den Zeitschriften für lesbisches Publikum darstellte, nach Städten geordnet vorgestellt.

In **Barmen-Elberfeld** wurde für den 1. Dezember 1924 eine öffentliche Versammlung zu dem Thema "Unsere Einstellung zur Reichstagswahl" mit dem Referenten Fritz Schüler im Luisenstadt-Kasino, Alte Jakobstraße 64, angekündigt. Gäste waren ausdrücklich willkommen.[137]

---

[134] Vgl. z.B. "Wacht auf!" in Freundin 4 (1928), Nr. 8
[135] Inserate, mit denen z.B. "alle Freunde", nicht jedoch *Freundinnen* eingeladen wurden, habe ich außer Acht gelassen.
[136] Freundin 3 (1927), Nr. 22
[137] Freundin 1 (1924), Nr. 8, Beilage "Berliner Inseratenblatt" vom 28.11. 1924. Die folgenden Angaben sind jeweils den Anzeigenseiten der Zeitschriften entnommen.

1924 traf sich die Ortsgruppe des BfM in **Bielefeld** dienstags und sonnabends bei Steinsiek in der Schildescherstr. 37.[138] Rund fünf Jahre später war in der "Freundin" zu lesen, daß Bielefelderinnen, die in die Damenabteilung des BfM aufgenommen werden wollten, sich per Postlagerkarte melden sollten.[139] Ebenfalls auf diesem Weg konnten sich diejenigen anmelden, die sich 1930 dem "Bund für ideale Frauenfreundschaft" (vorläufig organisiert über die Damenabteilungen des BfM) anschließen wollten.[140]

Ob Maskenball,[141] "Gr. Böser-Buben-Ball"[142] oder Zusammenkünfte der Ortsgruppen des BfM: in **Braunschweig** fand offenbar alles im "Ulrici-Restaurant", Sack 21, statt. Vollständig eindeutig ist das nicht, denn die Ortsgruppe sollte grundsätzlich über Postlagerkarte angeschrieben werden. Wenn jedoch in den Anzeigen ein Ort genannt wurde, war es das Restaurant. Dort traf sich 1924 die Ortsgruppe jeden Donnerstag und Sonnabend[143], 1928 nur noch jeden ersten und dritten Sonnabend im Monat.[144] Die Braunschweigerinnen hatten 1927 zusätzlich die Möglichkeit, sich einer Damengruppe des BfM anzuschließen. Dies konnte über Postlagerkarte geschehen.[145]

Bremen trat in den Annoncen der Zeitschriften nur einmal in Erscheinung: "B.f.M., Ortsgruppe Bremen beabsichtigt Damenklub zu gründen. Näheres beim Vorstand, Hotel Germania, An den Weide 17."[146]

---

[138] Vgl. ebd.
[139] Vgl. Freundin 5 (1929), Nr. 21 und 22
[140] Vgl. Freundin 6 (1930), Nr. 19
[141] Vgl. Freundin 4 (1928), Nr. 2
[142] Freundin 4 (1928), Nr. 5
[143] Vgl. Freundin 1 (1924), Nr. 8, Beilage "Berliner Inseratenblatt" vom 28.11.1924
[144] Vgl. Freundin 4 (1928), Nr. 1
[145] Vgl. Freundin 3 (1927), Nr. 22
[146] Freundin 8 (1932), Nr. 18

Bedeckt hielten sich die *Homosexuellen* in **Breslau**, was die Orte anging, an denen sie sich trafen. Lediglich in einer einzigen Anzeige war ein Ort angegeben: der Tivoli-Salon, Neudorfstr. 35. Hier kam 1924 die Ortsgruppe des BfM jeden Mittwoch um 20.00 Uhr zusammen.[147] Bei allen anderen Inseraten war eine Postlageradresse angegeben. Für Lokale wurde nicht geworben.

Stetig um neue Mitglieder warb die "Damenabteilung" des BfM.[148] Etliche Inserate eines Damenklubs, der noch Frauen aufnahm, erschienen in 1929 und 1930.[149] Leserinnen der "Freundin" konnten sich zusätzlich der gemischtgeschlechtlichen Ortsgruppe anschließen[150] und sich 1929 für eine Weihnachtsfeier anmelden.[151]

Leserinnen der "Garçonne" konnten sich 1930 - ebenfalls per Lagerkarte - dem Deutschen Freundschafts-Verband anschließen.[152]

In **Chemnitz** scheint, den Anzeigen in den Zeitschriften zufolge, der DFV aktiver gewesen zu sein als der BfM. Das war ungewöhnlich. Bereits der ersten Ausgabe der "Frauen Liebe und Leben" war zu entnehmen, daß die Damen jeden Mittwoch zusammenkamen.[153] Der Ort blieb ungenannt; näheres war unter einer Schließfach-Adresse zu erfahren. 1930 war in der "Garçonne" angegeben, daß sich die Damenvereinigung "Geselligkeit" ebenfalls jeden Mittwoch traf. Weitere Auskünfte erteilte Gert Scharfenberger, Zwickauer Straße 2, I. Diese Angabe erschien ab Jg. 1930, Nr. 5 unregelmäßig bis

---

[147] Vgl. Freundin 1 (1924), Nr. 8, Beilage "Berliner Inseratenblatt" vom 28.11.1924
[148] Vgl. Freundin 3 (1927), Nr. 22; 4 (1928), Nr. 5; 6 (1930), Nr. 19 und Nr. 44
[149] Vgl. Freundin 5 (1929), Nr. 21 und 22 sowie mehrmals 6 (1930) ab Nr. 5
[150] Vgl. 4 (1928), Nr. 1
[151] Vgl. 5 (1929), Nr. 24
[152] Vgl. 6 (1930), Nr. 5 und 6
[153] Vgl. Jg. 1928, Nr. 1

Ende 1931. Die Damenvereinigung "Geselligkeit" war ausgesprochen rege. Sie lud 1931 "herzlichst" ein zum täglichen Treff im "Café Korso" in der Logenstraße, jeweils mittwochs und sonnabends zu den "beliebten Damenabende[n]" und zum großen "Monokelfest"[154], bei dem Monokel gratis und Gäste herzlich willkommen waren. Im Herbst 1931 wurde das einjährige Stiftungsfest der Damenvereinigung "Geselligkeit" im "Café Korso" angekündigt.[155] Über dieses Fest findet sich in der übernächsten Ausgabe ein sehr positiver Bericht. Da hieß es z.B.: "Eine solch ideale, von starkem Gemeinschaftsgeist getragene Feier sah ich noch nicht. [...] So frei und ungezwungen sah ich selten Artgenossen sich bewegen. Hinzu kommt noch, daß die Chemnitzer Damen Geschmack in der Auswahl ihrer Klubhäuser beweisen. Nichts erinnert daran, irgendwie nur geduldet zu sein."[156]

In der "Freundin" trat Chemnitz verhältnismäßig selten in Erscheinung. 1924 war dort jedoch zu lesen, daß die Adresse der Ortsgruppe bzw. entsprechende Zusammenkünfte über Postschließfach zu erfahren waren.[157] Frauen, die sich der Damengruppe anschließen wollten, konnten 1927 über W. Netzeband, Bismarckstr. 53, Kontakt aufnehmen.[158] Dieselbe Adresse war auch im Adressenverzeichnis der Ortsgruppen Anfang 1928 angegeben.[159]

Für Zusammenkünfte in **Dresden** wurde in der "Freundin" in den Jahren 1924 - 1928 häufig und regelmäßig geworben. Anders als in vielen anderen Städten, scheinen in Dresden mehrere Lokalitäten verfügbar gewesen zu sein. Die Ortsgruppe traf sich z.B. 1924 an jedem ersten Sonnabend im Mo-

---

[154] Garçonne Jg. 1931, Nr. 9; ähnlich in Nr. 11 und 12
[155] Jg. 1931, Nr. 21
[156] "Rundschau" in Jg. 1931, Nr. 23
[157] Vgl. Freundin 1 (1924), Nr. 8, Beilage "Berliner Inseratenblatt" vom 28.11.1924
[158] Vgl. Freundin 3 (1927), Nr. 22
[159] Vgl. Freundin 4 (1928), Nr. 1

nat im großen Saal des Odeum in der Carusstr. 26 und an allen übrigen Sonnabenden im Saal des Restaurant Sennefelder in der Kaulbachstr.[160] Frauen, die sich der Damengruppe anschließen wollten, konnten sich an H. Hausmann, Lüttichaustr. 14, wenden.[161]

Der sehr aktive Geselligkeitsverein "Eintracht" der Ortsgruppe Dresden kündigte etliche Veranstaltungen in den "Annensälen", Fischhofplatz, an: 1927 einen Pfingstball,[162] im November und Dezember 1927 je einen weiteren Ball und eine Mitgliederversammlung,[163] für Februar 1928 einen Maskenball und eine Mitgliederversammlung,[164] für März 1928 eine Mitgliederversammlung und zwei Bälle sowie für April 1928 eine Mitgliederversammlung.[165] Die Aufnahme neuer Frauen in den Geselligkeitsverein erfolgte "nur in den Mitgliederversammlungen",[166] in denen Gäste durchaus willkommen waren.[167]

Einige Veranstaltungen des Geselligkeitsvereins "Eintracht" fanden nicht in den Annensälen, sondern an anderen Orten statt. So "trifft man sich" zur "Dresdner Vogelwiese" im Juli 1927 laut Anzeige "nur in der 'Fidelen Klause' (gegenüber dem Fürstentanzpalast)".[168] Die Sylvesterfeier 1927/28 fand in der Mockritz-Höhe statt,[169] eine Faschingsfeier[170] und ein Ball[171] im Hotel Stadt Petersburg, An der Frauenkirche 8. Anfang 1928 erschien die letzte Anzeige des Geselligkeitsver-

---

[160] Vgl. Freundin 1 (1924), Nr. 8, Beilage "Berliner Inseratenblatt" vom 28.11.1924
[161] Vgl. Freundin 3 (1927), Nr. 22
[162] Vgl. Freundin 3 (1927), Nr. 10
[163] Vgl. Freundin 3 (1927), Nr. 21
[164] Vgl. Freundin 4 (1928), Nr. 2
[165] Vgl. Freundin 4 (1928), Nr. 4
[166] Freundin 3 (1927), Nr. 21
[167] Vgl. Freundin 4 (1928), Nr. 2 und 4
[168] Freundin 3 (1927), Nr. 12
[169] Vgl. Freundin 3 (1927), Nr. 21
[170] Vgl. Freundin 4 (1928), Nr. 2
[171] Vgl. Freundin 4 (1928), Nr. 4

eins, in der jedoch nicht von Auflösung die Rede, sondern lediglich angekündigt worden war, daß im nächsten Monat keine Veranstaltungen stattfänden.

Keineswegs vergleichbar mit den in der "Freundin" annoncierten Aktivitäten waren solche in jenen Zeitschriften, die dem DFV nahestanden. 1928 konnten sich deren Leserinnen ausschließlich per Lagerkarte über mögliche Zusammenkünfte informieren.[172] Rund zwei Jahre später hatte das Vereinslokal des DFV "täglich ab 5 Uhr geöffnet. Täglich Unterhaltungsmusik."[173] Nähere Einzelheiten wie z.B. der Ort sollten unter "Ortsgruppe Dresden 123" erfragt werden. Offener präsentierte sich das Angebot, einen Maskenball in den uns bereits bekannten Annensälen zu besuchen.[174] Schließlich erschien 1931 noch eine "Aufforderung": "Zwecks Zustandekommens Adressen frdl. erbeten unter 'Marlis' Dresden - N. 25, postl."[175]

Aus **Düsseldorf** wurde vor allem für Gruppen des BfM annonciert. Ab 1927 wurde ein Treffpunkt bekannt gegeben: das Clubhaus zur "Rheinfahrt", Brückenstr. 13.[176] Ein paar Jahre zuvor, 1924, waren Anfragen lediglich über Karl Michalski, Scheurenstr. 7, II, möglich gewesen.[177] Im Clubhaus zur "Rheinfahrt" feierte die gesellige Vereinigung "Eintracht" ein "Grosses Blütenfest", für das sie ankündigte: "Fabelhafte Dekorationen - Verstärkte Kapelle - Hochbetrieb - Internationaler Verkehr"[178]. Auch die Jahresfeier der geselligen Vereinigung "Eintracht" fand im Mai 1927 dort statt. Ebenfalls im Restaurant "Zur Rheinfahrt", Brückenstr. 13, konnten sich Ende 1927 diejenigen Frauen treffen, die der

---

[172] Vgl. Frauen Liebe und Leben Jg. 1928, Nr. 1
[173] Garçonne Jg. 1930, Nr. 5
[174] Vgl. Jg. 1931, Nr. 2
[175] Garçonne Jg. 1931, Nr. 22
[176] Vgl. Freundin 3 (1927), Nr. 7 und Nr. 22 sowie 4 (1928), Nr. 1
[177] Vgl. Freundin 1 (1924), Nr. 8, Beilage "Berliner Inseratenblatt" vom 28.11.1924
[178] Freundin 3 (1927), Nr. 7

Damengruppe beitreten wollten.[179] 1930 war für die an der Damengruppe interessierten Frauen als Anmeldestelle ein anderer Ort, der "Vorstand des B.f.M.: Restaurant Rheinhof-Diele, Kölner Landstr. 101"[180], angegeben. Im nächsten Jahr schließlich erschien sechsmal eine Anzeige, die für den Beitritt und für kontinuierliches Erscheinen der Frauen warb: "Düsseldorf! Achtung! Freundinnen im rheinisch-westfälischen Bezirk treffen sich regelmäßig an jedem Mittwoch in Düsseldorf! Helft an der Gründung einer regulären Damengruppe! Erscheint regelmäßig und oft! Eintritt frei! Tanz und Unterhaltung. Ortsgruppe Düsseldorf Rheinhof - Diele, Kölner Landstr.101. Telefon 18082. Ab Bahnhof Linie 18 (Haltestelle Werstener Dorfstraße)"[181].

Die Ortsgruppe des BfM in **Essen** gab 1924 bekannt, sie treffe sich "Sonnabend 8 1/2 Uhr"[182]. Über Joseph Axmann, Essen, Rheinische Str. 34 und Dr. Hartog, Dortmund, Brückstr. 12-14, konnte Näheres erfragt werden. Erst 1929 trat die Ortsgruppe wieder in der "Freundin" in Erscheinung. Nun traf sie sich "Samstag abends 9 Uhr" im "Kaffee '4711'" in der Segerothstr. 47.[183] Im selben Café konnten sich auch Frauen melden, die dem "Damenklub" beitreten wollten.[184] Über dieses Lokal war in der "Freundin" weiterhin zu erfahren, daß es einem Transvestiten gehörte und strittig war.[185] Einige Wochen danach sollten sich Frauen, die sich dem Damenklub anschließen wollten, nicht mehr im Café "4711", sondern per Postlagerkarte melden.[186] Später wurde für ein anderes Esse-

---

[179] Vgl. Freundin 3 (1927), Nr. 22
[180] Freundin 6 (1930), Nr. 19
[181] Freundin 7 (1931), Nr. 11; ebenfalls in Nr. 12, 13, 15-17
[182] Freundin 1 (1924), Nr. 8, Beilage "Berliner Inseratenblatt" vom 28.11. 1924
[183] Freundin 5 (1929), Nr. 10; auch in Nr. davor mit großer Anzeige
[184] Vgl. Freundin 5 (1929), Nr. 3 sowie in Nr. 6 und 7
[185] Vgl. Freundin 5 (1929), Nr. 11
[186] Vgl. Freundin 5 (1929), Nr. 13

ner Lokal (am Republikplatz 4) geworben: "Transvestiten, Freundinnen und Freunde treffen sich in Essen bei Willy und Mariechen. Jeden Mittwoch, Samstag und Sonntag. Stimmung und Tanz."[187] Das scheint sich zumindest ein Jahr gehalten zu haben, lediglich "Der große Stimmungsbetrieb" fand im Frühjahr 1931 nur noch samstags und sonntags statt. Für einen Mittwoch im Mai war in derselben Anzeige "das große Treffen der Freundinnen - 'Ein Maienzauber'" angekündigt.[188]

Forst (Niederlausitz) erschien nur ein einziges Mal in der "Freundin", und zwar 1924 in der Liste der Ortsgruppen des BfM. Für Anfragen stand F. Langer, G. Crossen an der Oder, "G. g. Hundsbelle 8"[189] zur Verfügung.

In **Frankfurt/M.** war über Jahre hinweg die "Liederhalle" in der Langestraße 26 das in der "Freundin" inserierte Lokal für Zusamenkünfte und Feste. Bereits 1924 traf sich dort mittwochs die Ortsgruppe; davon getrennt war die Geschäftsstelle, die sich bei "Willi Kepplinger, Oederweg 83, Feinkost"[190] befand. Die Treffen an jedem Mittwoch in der "Liederhalle" blieben, die Geschäftsstelle ging an C. Deppermann über.[191]

Für Februar 1927 gab der Vorstand bekannt, die "Abt. für Geselligkeit" werde in der "Liederhalle" einen Maskenball ausrichten; auch ein "Närrischer Kappenabend mit Tanz" wurde angekündigt. Die "Abt. für ernste Arbeit" ergänzte das Angebot mit der "Monatsversammlung" und einer Fortsetzung

---

[187] Freundin 6 (1930), Nr. 18
[188] Freundin 7 (1931), Nr. 17
[189] Freundin 1 (1924), Nr. 8, Beilage "Berliner Inseratenblatt" vom 28.11.1924. Ob Forst in der Pfalz oder in der Niederlausitz gemeint war, geht aus der Anzeige nicht hervor.
[190] Freundin 1 (1924), Nr. 8, Beilage "Berliner Inseratenblatt" vom 28.11.1924
[191] Vgl. Freundin 4 (1928), Nr. 1

von Vorträgen über Richard Wagner.[192] 1929 feierte die Ortsgruppe dort ihre Weihnachtsfeier.[193]

Frankfurterinnen wie auch Hamburgerinnen und Kölnerinnen hatten sich bei der "Freundin" 1927 dafür eingesetzt, "sich in besonderen Damengruppen zusammenzuschließen".[194] In Frankfurt konnten sich die Frauen an Cuno Deppermann, Lenaustr. 39 pt., wenden. Denselben Kontakt konnten auch Frauen nutzen, die 1930 Mitglied in der Damengruppe werden wollten.[195]

In **Frankfurt/O.** hielt sich die Ortsgruppe des BfM entweder bedeckt oder existierte nicht lange. Lediglich 1924 wurde annonciert, daß sich Interessierte an die "Geschäftsstelle Max Baer, Bischofstr. 25"[196], wenden konnten.

Auch **Halle** erschien nur einmal in der Liste der Ortsgruppen des BfM, mit einer Anschrift über Lagerkarte.[197]

"**Hamburg**", so die Redaktion der "Freundin" 1931, "ist wohl nächst Berlin die Stadt, die sich in unserem Freundinnenkreis ebenfalls größter Beliebtheit erfreut."[198] Die Angebote von Zusammenkünften und Aktivitäten waren denn auch in Hamburg kontinuierlicher und vielfältiger als in anderen Städten der "Provinz".

1924 traf sich die Ortsgruppe des BfM jeden Mittwoch im "St. Georger Gesellschaftshaus", Besenbinderhof 9; dort fand auch ein Winterfest der "Gruppe für Geselligkeit" statt. Um bei dem Fest eingelassen zu werden, mußte die Mitgliedskarte

---

[192] Freundin 3 (1927), Nr. 1
[193] Vgl. Freundin 5 (1929), Nr. 24
[194] Freundin 3 (1927), Nr. 19; ähnlich in Nr. 22
[195] Vgl. Freundin 6 (1930), Nr. 19
[196] Freundin 1 (1924), Nr. 8, Beilage "Berliner Inseratenblatt" vom 28.11.1924
[197] Vgl. Freundin 1 (1924), Nr. 8, Beilage "Berliner Inseratenblatt" vom 28.11.1924
[198] "Geschäftliche Mitteilungen" in Freundin 7 (1931), Nr. 18

mitgeführt werden, Gäste konnten "nur durch Einführung"[199] teilnehmen. Die Geschäftsstelle des BfM war zu diesem Zeitpunkt bei Hinrich Ulbert, Gröninger Straße 34.

1927 inserierten drei Lokale in der "Freundin": "Monis Porterstuben" in der Rostocker Str.3, das Restaurant "Zu den drei Sternen", Hütten 60 sowie das Restaurant "Zur gemütlichen Klause", St. Georgstraße 8.[200] Während die beiden Restaurants jeweils nur einmal in Erscheinung traten, waren die "Porterstuben" bzw. die Rostocker Str. 3 eine häufig auftretende Adresse. Hier befand sich die Geschäftstelle des BfM, die nunmehr von Ludwig Petersen geführt wurde. An ihn konnten sich im Oktober 1927 diejenigen Frauen wenden, die sich in einer Damengruppe zusammenschließen wollten.[201] Im November 1927 existierte bereits eine Damengruppe, die noch - wieder über Ludwig Petersen - Mitglieder aufnahm.[202] Rund eineinhalb Jahre später scheint die Damengruppe sich nicht mehr getroffen zu haben, denn es erschien folgender Aufruf in der "Freundin": "Achtung Freundinnen! ... Am Dienstag, den 16. Juli kommt die Leiterin des Berliner Damenklubs Violetta nach Hamburg, zwecks Gründung eines dortigen Damenklubs und laden wir hiermit alle Hamburger Damen, welche Interesse an einem Zusammenschluß haben, hiermit herzlichst ein, in die Deutschen Porterstuben, Hamburg, Rostockerstr. 3."[203] Diese Initiative war offenbar erfolgreich, denn wenig später wurde inseriert, der Damenklub treffe sich jeden Dienstag in den "Porterstuben".[204]

Im gleichen Jahr wurden Damen-Tees begeistert aufgenommen. Die "Goldene 13" bzw. das Hotel "Kölner Hof" in

---

[199] Freundin 1 (1924), Nr. 8, Beilage "Berliner Inseratenblatt" vom 28.11. 1924
[200] Freundin 3 (1927), Nr. 12
[201] Vgl. Freundin 3 (1927), Nr. 19
[202] Vgl. Freundin 3 (1927), Nr. 22
[203] Freundin 5 (1929), Nr. 2
[204] Vgl. Freundin 5 (1929), Nr. 6; ebenfalls in Nr. 7

der Nähe des Hauptbahnhofs (Koppel 13) warb mit ihnen in der "Freundin" um Gäste: "Der gemütliche Aufenthalt aller Freunde und Freundinnen. Stimmung - Humor - Vorträge. Jeden Montag u. Donnerstag von 5-8 Uhr abends: Die beliebten Damen-Tees mit Frau Dr. Dora Peters."[205] Die Damen-Tees mit Dora Peters fanden Anfang 1930 nunmehr donnerstags und sonntags im "Malepartus", Kleine Johannisstraße 17, statt. Dieses Lokal warb für sich in der "Garçonne" als das "Eldorado der modernen Welt"[206]. Im Frühjahr 1931 schließlich war Dora Peters laut Anzeige in der "Freundin" im neu eröffneten "Trianon", Fuhlenwiete 27 ("der stets gemütliche, intime Aufenthalt"), anzutreffen. Auch hier gab es jeden Donnerstag den Fünf-Uhr-Damentee.[207]

Als "Treffpunkt der Freunde und Freundinnen" und "mondäne Tanzbar" stellte sich das "Stadtcasino" im Schleusenweg 2 ab Frühjahr 1930 in Anzeigen dar.[208] Das "Stadtcasino", für das etwa zwei Jahre lang stetig in der "Freundin" geworben wurde, wurde von der Redaktion der "Freundin" wärmstens empfohlen.[209]

Inzwischen hatte der BfM seine Geschäftsstelle gewechselt. 1930 konnten sich Frauen, die Interesse an der Damengruppe hatten, bei E. Bärenreuter in der Baumeisterstr. 17 (Hansaplatz) melden.[210] Auch das vom BfM bevorzugte Lokal war nicht mehr das Gesellschaftshaus, sondern das Hotel Voß in der Poolstraße. Dort fand die Weihnachtsfeier 1929[211] und im Mai 1930 eine Veranstaltung mit Friedrich Radszuweit statt, der anläßlich des Stiftungsfestes der Hamburger Orts-

---

[205] Freundin 5 (1929), Nr. 9; ebenfalls in Nr. 10. Das Hotel "Kölner Hof" warb auch in der Frauenliebe 5.Jg. (1929 oder 1930), Nr. 10
[206] Garçonne Jg. 1930, Nr. 1; ähnlich in Frauenliebe 5 (1929 oder 1930), Nr. 34
[207] Freundin 7 (1931), Nr. 11
[208] Freundin 6 (1930), Nr. 14
[209] Vgl. "Geschäftliche Mitteilungen" in Freundin 7 (1931), Nr. 18
[210] Vgl. Freundin 6 (1930), Nr. 19
[211] Vgl. Freundin 5 (1929), Nr. 24

gruppe des BfM sprach.[212] Der Sommernachtsball des BfM im September 1932 jedoch wurde in den "Hochzeitssälen" (!) in der Wandsbeker Chaussee 68/74 ausgerichtet.[213]

Ab Ende 1932 wurden die Anzeigen in der "Freundin" auch für Hamburger Lokale und Ereignisse spärlich. "Dienstags und Donnerstags", so eine Annonce, sei der "Treffpunkt der Freundinnen" im "Sprinkenhof" ("Das Ideal der Freundschaftskreise"), Portal A, Springeltwiete 2.[214] Für das Jahr 1933 fand sich noch folgende Kleinanzeige: "Zwecks Klubgründung einsame Freundinnen erwünscht."[215]

In den dem DFV nahestehenden Zeitschriften trat Hamburg nicht so sehr hervor wie in der "Freundin". Neben den bereits erwähnten Inseraten für das Hotel Kölner Hof und für das "Malepartus" wurde dort für das "Winzerstübchen" in der Kirchenallee 24[216] und für das "Casanova" (!) in der Schmilinskystr. 47 geworben. Im "Casanova", im September 1930 eröffnet, tagte jeden Dienstag "der exquisite Damenklub Casanova".[217]

Im Jahre 1931 wurde in der "Freundin" häufig für ein Lokal in **Hannover** annonciert.[218] Nur im "Eldorado" in der Gretchenstr. 42 träfen sich, so die Anzeige, "wirkliche Freundinnen". Dort war Mittwoch, Sonnabend und Sonntag "die intime, separate Bar" geöffnet; Sonntag nachmittag fand "der beliebte 5-Uhr-Tee" statt.[219] Für den März wurde im "Eldorado" ein Fest

---

[212] Vgl. Freundin 6 (1930), Nr. 19
[213] Vgl. Freundin 8 (1932), Nr. 34
[214] Freundin 8 (1932), Nr. 42
[215] Freundin 9 (1933), Nr. 4
[216] Frauenliebe 5 (1929 oder 1930), Nr. 17
[217] Garçonne Jg. 1930, Nr. 1 und Frauenliebe 5. Jg. (1929 oder 1930), Nr. 40
[218] Vgl. Freundin 7 (1931), Nr. 2, 4, 5, 8, 9, 10, 14
[219] Freundin 7 (1931), Nr. 2

der "Blütenpracht in Palermo" angekündigt.[220] Auch der BfM traf sich dort, wofür noch Mitglieder gesucht wurden.[221]

In **Karlsruhe** konnten sich Mitglieder des BfM 1924 jeden Samstagabend im Hotel zu den "Goldenen Trauben" in der Steinstraße 17, Ecke Adlerstraße begegnen. Zusätzlich war eine Anschrift über Postlagerkarte angegeben.[222] Etliche Jahre später klagte eine Leserin in der "Garçonne", daß die Zeitschrift ihre einzige Kontaktmöglichkeit mit Artgenossinnen sei, "denn hier in Karlsruhe ist gar kein Klub, viel weniger irgendeine Zusammenkunft".[223]

Kassel trat durch eine Damengruppe des BfM hervor. 1930 konnten Leserinnen der "Freundin" der Damengruppe im BfM beitreten. In der "Freundin" wurde für jeden ersten Sonnabend abend im Monat ein "gemütliches Zusammensein"[224] der Damengruppe angekündigt. Der Ort war über Postlagerkarte zu erfragen.

Die Leitung der Ortsgruppe des BfM in **Köln** bereitete offenbar Schwierigkeiten, denn 1924 war in der "Freundin" zu lesen: "Einem viel geäußerten Wunsch unserer Leser Rechnung tragend, ist es uns nach vielen Bemühungen gelungen, hier einen Herrn zu finden, der die Leitung der Ortsgruppe übernommen hat. Dieselbe nimmt noch einwandfreie Damen und Herren auf und werden dieselben gebeten, sich an die Lagerkarte [...] zu wenden."[225] Offenbar war das eine erfolgreiche Initiative, denn 1927 wurde bereits das "Dornröschen" in der

---

[220] Freundin 7 (1931), Nr. 9
[221] Vgl. Freundin 7 (1931), Nr. 14
[222] Vgl. Freundin 1 (1924), Nr. 8, Beilage "Berliner Inseratenblatt" vom 28.11.1924
[223] Garçonne Jg. 1931, Nr. 24
[224] Freundin 6 (1930), Nr. 19
[225] Freundin 1 (1924), Nr. 8, Beilage "Berliner Inseratenblatt" vom 28.11.1924

Friedrichstr. 15 als "Klubhaus" bezeichnet.[226] Im "Dornröschen" redete Friedrich Radszuweit 1927 über "Homosexualität, Strafgesetz und Volksempfinden"[227]. Dort traf sich auch die Ortsgruppe Anfang 1928 täglich.[228]

1927 engagierten sich Kölnerinnen für eine Damengruppe; interessierte Frauen konnten über das "Dornröschen" dazukommen.[229] Dieses Clubhaus war auch 1930 noch die Anmeldestelle für Frauen, die sich der Damengruppe des BfM anschließen wollten.[230]

Königsberg i. Pr. war offenbar ein Ort, an dem Organisationen von *Artgenossinnen* und *Artgenossen* mit Schwierigkeiten konfrontiert waren. 1930 wurde in der "Freundin" bekannt gegeben, daß dort eine Ortsgruppe gegründet werden soll, "der sich einwandfreie Damen und Herren anschließen können".[231] Der Kontakt sollte über Postlagerkarte gesucht werden. Einige Monate später konnte die Leserin einem Artikel der "Freundin" entnehmen, daß ein Dr. Lau in Königsberg aus moralischer Empörung gegen die Gründung gehetzt hatte.[232] Hatte Dr. Lau Erfolg? Über weitere Versuche, in Königsberg aktiv zu werden, stand nichts in der "Freundin".

Auch die Zeitschriften der Konkurrenz, des DFV, verzeichneten keine stetige Aktivität in Königsberg. 1928 wurden alle "dortigen Damen der Bewegung" gebeten, "sich zwecks Zusammenschluß unter Lagerkarte ... zu melden".[233] Rund drei Jahre später beabsichtigte die "Garçonne", die Gründung einer Königsberger Ortsgruppe des DFV über den Verlag in Berlin zu initiieren: "Einwandfreie Damen, welche Lust u. Interesse

---

[226] Vgl. Freundin 3 (1927), Nr. 19
[227] Freundin 3 (1927), Nr. 17
[228] Vgl. Freundin 4 (1928), Nr. 1
[229] Vgl. Freundin 3 (1927), Nr. 19 und Nr. 22
[230] Vgl. Freundin 6 (1930), Nr. 19
[231] Freundin 6 (1930), Nr. 5; in den Ausgaben danach ebenfalls mehrmals
[232] Vgl. Freundin 6 (1930), Nr. 19
[233] Frauen Liebe und Leben Jg. 1928, Nr. 1

an einer Ortsgruppengründung haben, mögen sich an den Bergmann-Verlag, Berlin W 35, Schließfach 62, wenden."[234] Auch das scheint erfolglos gewesen oder aber nicht veröffentlicht worden zu sein, denn in den Ortsgruppenlisten der "Garçonne" erschien Königsberg daraufhin nicht.

Mindestens seit 1927 existierte in **Leipzig** eine Ortsgruppe des BfM, denn in einer Anzeige, die zum Maskenball im Februar 1927 am Roßplatz 9 einlud, war zu lesen, daß Mitglieder die Hälfte des Eintrittspreises zu zahlen hätten.[235] Am Roßplatz 9 befand sich das Clubhaus des BfM, in dem Friedrich Radszuweit im Juni 1928 über "Unsere Strafparagraphen und der neue Reichstag" sprach. Im Rahmen dieser Veranstaltung sollte eine "Offizielle Gründung einer Damengruppe" stattfinden.[236] Doch zuvor muß bereits eine Damengruppe des BfM existiert haben. 1927 stand in der "Freundin", daß sich interessierte Frauen per Postlagerkarte über die Damengruppe informieren konnten.[237] Vermutlich hatte sich die Gruppe aufgelöst oder vom BfM abgewendet. 1930 war wieder eine Postlagerkartennummer angegeben, über die Kontakt zur Damengruppe aufgenommen werden konnte.[238]

Ein "Gemütlicher Aufenthalt aller Freundinnen" - so wurde die 1930 neueröffnete "Elisenburg" in der Elisenstr. 31 beschrieben.[239] Bis 1932 ist in den meisten folgenden Ausgaben der "Freundin" eine Anzeige für die "Elisenburg" zu finden. Auch die Konkurrenz inserierte in der "Freundin": "Wirkliche Freunde und Freundinnen", so heißt es in einer Anzeige, träfen sich täglich im "Kleinen Landgericht" in der Moltkestr. 45. Dies sei eine "Stätte der Gemütlichkeit" mit "Stimmung",

---

[234] Garçonne Jg. 1931, Nr. 11
[235] Vgl. Freundin 3 (1927), Nr. 1
[236] Freundin 4 (1928), Nr. 12
[237] Vgl. Freundin 3 (1927), Nr. 22
[238] Vgl. Freundin 6 (1930), Nr. 19
[239] Freundin 6 (1930), Nr. 32

und auch für "gute Getränke und Speisen ist Sorge getragen".[240] Das Café "Clou" in der Windmühlenstr. 30 hingegen warb damit, es sei das "wirkliche intime Lokal aller Freundinnen und Freunde", in dem das Kaffeegedeck 60 Pf. koste und "Dezente Musik" zu hören sei.[241]

Gegen Ende des Jahres 1930 wurde unter dem Namen "Ritter Nèrestan" im Leipziger Schauspielhaus ein Theaterstück von Christa Winsloe gespielt, das auch als "Gestern und Heute" (Filmfassung: "Mädchen in Uniform") bekannt ist.[242] In der "Freundin" erschien darüber eine ausgesprochen positive Besprechung, worin "Carlo" schrieb, das menschlich gestaltete, aufklärerische Stück hätte ihr Herz ergriffen und verdiene "höchste Achtung".[243]

Leserinnen der dem DFV nahestehenden Zeitschriften erfuhren, daß 1928 an jedem Mittwoch und Sonnabend "Klubabend" in Schießers Restaurant, Kramerstr. 3, war.[244] Wer gut situiert war, konnte sich nach einem privaten Klub erkundigen: "Vornehmer, neugegründeter Privat-Damenklub fordert Interessentinnen aus nur guten Kreisen zur Adressenangabe auf. Möglichst nicht anonyme (Bild)Off. unt. Lagerkarte 21, Leipzig."[245] Auch die Ortsgruppe des DFV war 1930, jedenfalls laut "Garçonne", nur über Lagerkarte herauszufinden.[246] Ab Frühjahr 1931[247] war die Ortsgruppe Leipzig in der Liste der Ortsgruppen des DFV nicht mehr angeführt.

Informationen über **Liegnitz** erschienen lediglich einmal in der "Freundin". Die dortige Ortsgruppe des BfM traf sich 1924 jeden Donnerstag abend an einem Ort, der von Herbert

---

[240] Freundin 7 (1931), Nr. 3
[241] Freundin 7 (1931), Nr. 47
[242] Vgl. dazu Hetze 1986, S. 18f
[243] Vgl. "Ritter Nèrestan" in Freundin 7 (1931), Nr. 1
[244] Vgl. Frauen Liebe und Leben Jg. 1928, Nr. 1
[245] Frauenliebe 5 (1929 oder 1930), Nr. 10
[246] Ab Garçonne Jg. 1930, Nr. 5
[247] Vgl. ebd., Nr. 9

Blümel in der Wilhelmstraße 26, I oder von Hedwig Kunze, Zuschneideschule in der Mittelstr. 32, I, erfragt werden konnte. Ausdrücklich wurde darauf hingewiesen, daß der Habsburger Hof nicht mehr der Treffpunkt war.[248]

In **Magdeburg** vertrat Paul Juhe, Blaue Beilstr. 10, einige Jahre lang den BfM. Bei ihm konnten sich 1927 Frauen für die Damengruppe anmelden,[249] und sein Name war noch im Inserat vom Frühjahr 1930 mit der Geschäftsstelle verbunden.[250]

Die Ortsgruppe des BfM fand sich Anfang 1928 jeden Sonnabend im Restaurant "Unterbär" ein; eine Adresse stand nicht dabei. Vermutlich sollten sich interessierte Leserinnen an Paul Juhe wenden, um Näheres zu erfahren.[251] Magdeburgerinnen, die 1930 den Wunsch hatten, sich der Damengruppe anzuschließen, konnten sich jeden Sonnabend im "Rolandsbogen" in der Dreierbrezelstr. 14 melden.[252] Schließlich lud eine Kleinanzeige die Leserinnen ein, an einem "Tanzkränzchen" teilzunehmen.[253]

1924 scheinen in **Mannheim** keine Treffen einer Ortsgruppe des BfM stattgefunden zu haben. Der damaligen Liste der reichsweiten Ortsgruppen ist lediglich zu entnehmen, daß die "Blätter für Menschenrecht" bei A. Fleischmann, H 4, 10 erhältlich waren.[254] Mannheimerinnen, die 1927 der Damengruppe beitreten wollten, konnten sich an Gregor Doll, H 4, 10 wenden.[255] Gregor Doll war auch Anfang 1928 als Kontakt für

---

[248] Vgl. Freundin 1 (1924), Nr. 8, Beilage "Berliner Inseratenblatt" vom 28.11.1924
[249] Vgl. Freundin 3 (1927), Nr. 22
[250] Vgl. Freundin 6 (1930), Nr. 19
[251] Vgl. Freundin 4 (1928), Nr. 1
[252] Vgl. Freundin 6 (1930), Nr. 19
[253] Vgl. Freundin 7 (1931), Nr. 9
[254] Vgl. Freundin 1 (1924), Nr. 8, Beilage "Berliner Inseratenblatt" vom 28.11.1924
[255] Vgl. Freundin 3 (1927), Nr. 22

die Ortsgruppe des BfM[256] und 1930 für die Damengruppe angegeben.[257]

München trat, im Verhältnis zur Größe dieser Stadt, selten in den Zeitschriften für lesbisch lebende Frauen auf. Nachdem 1924 zu lesen war, daß der Kontakt zur Ortsgruppe des BfM über Lagerkarte hergestellt werden konnte,[258] verschwand München für etliche Jahre aus den Ankündigungen der "Freundin". Erst 1930 erschien eine Kleinanzeige, mit der eine Damengruppe initiiert werden sollte: "Zwecks Gründung einer Damengruppe werden alle dortigen gleichgesinnten Damen um Antwort gebeten."[259] Rund ein Jahr später war auf der Seite für die Transvestiten zu erfahren, daß "Schwarzfischer" in der Dultstr. 2 "Der Treffpunkt"[260] wäre.

Die "Garçonne" vermerkte für München lediglich J. Rötzer in der Sophienstr. 5b (Gartenhaus) als Verkäuferin bzw. Verkäufer der Zeitschrift. Diese Angabe erschien unregelmäßig in den Jahren 1930/31.[261]

Frauen in **Nürnberg** konnten aus der "Freundin" erfahren, daß sie Mitglieder in Damengruppen werden konnten. Jeweils 1929 und 1930 wurde eine Postlageradresse bekanntgegeben.[262]

In den Jahren 1929 und 1930 wurden für **Stettin** etliche Aktivitäten in den Anzeigen der "Freundin" angeboten. Zum Auftakt eröffnete 1929 das Café am Stadttheater, Klosterhof 3, das ein "gemütlicher Aufenthalt der Freundinnen" sein soll-

---

[256] Vgl. Freundin 4 (1928), Nr. 1
[257] Vgl. Freundin 6 (1930), Nr. 19
[258] Vgl. Freundin 1 (1924), Nr. 8, Beilage "Berliner Inseratenblatt" vom 28.11.1924
[259] Freundin 6 (1930), Nr. 35
[260] Freundin 7 (1931), Nr. 26
[261] Ab Jg. 1930, Nr. 5. In Jg. 1931, Nr. 18 erschien die Anschrift wieder.
[262] Freundin 5 (1929), Nr. 13 sowie 6 (1930), Nr. 19

te.[263] Ein Jahr später konnten Frauen, die in die Damengruppe eintreten wollten, per Postlagerkarte Kontakt aufnehmen.[264] Wieder einige Monate darauf war einer Anzeige zu entnehmen, daß sich dem BfM eine Damengruppe angeschlossen hatte, die sich täglich im Vereinslokal träfe. Ein tägliches Treffen zeugte von, im Vergleich zu anderen Städten der "Provinz", außerordentlicher Aktivität. Das Lokal war das "Cafe am Stadttheater"; dort wurden außerdem neue Mitglieder aufgenommen. Auch ein großes Fest in den "Trocadero-Festsälen", Pölitzerstr.70, wurde angekündigt. Schließlich endete die Anzeige mit der freundlichen Aufforderung: "Freunden und Freundinnen ein Willkommen".[265]

Für November 1930 kündigte die Ortsgruppe des BfM ein "Studenten-Fest" in den "Trocadero-Festsälen" sowie eine Adventsfeier im Vereinslokal "Café am Stadttheater" an. Ferner sollten am 15. November und am 6. Dezember "Tanzkränzchen" im "Café Eintracht" in der Neuestr. 2 stattfinden.[266] Am 1. März 1931 übernahm Erich Passow das "Café am Stadttheater" und bat "alle Freundinnen gütigst um Zuspruch".[267] Die letzte Anzeige aus Stettin warb fürs Erscheinen beim "Großes Blütenfest" im Mai 1931 in den "Trocadero-Festsälen".[268]

Diejenigen, die Interesse an der Gründung einer Ortsgruppe des BfM in **Stolp** in Pommern hatten, wurden 1924 per Kleinanzeige in der "Freundin" gebeten, sich an eine Postlageradresse zu wenden.[269]

---

[263] Vgl. Freundin 5 (1929), Nr. 19
[264] Vgl. Freundin 6 (1930), Nr. 19
[265] Freundin 6 (1930), Nr. 40
[266] Vgl. Freundin 6 (1930), Nr. 44
[267] Freundin 7 (1931), Nr. 10
[268] Vgl. Freundin 7 (1931), Nr. 16
[269] Vgl. Freundin 1 (1924), Nr. 8, Beilage "Berliner Inseratenblatt" vom 28.11.1924

In **Stuttgart** sollte 1927 per Kleinanzeige in der "Freundin" ein Wanderklub gegründet werden: "Idealdenkende jüngere Menschen, die Lust haben, sich zu einem Wanderklub zusammenzuschließen,"[270] konnten sich unter der angegebenen Chiffrenummer melden.

1930 trafen sich jeden Mittwoch, Sonnabend und Sonntag Mitglieder des BfM im Restaurant "Zum Josefle" in der Gutenbergstr. 50a. Hier konnten sich Frauen für die Damengruppe anmelden.[271] Möglicherweise entstand aus dieser Gruppe der Klub, von dem in der folgenden Anzeige von 1931 die Rede ist: "Hallo Stuttgart! Freundinnen tretet unserem Klub bei! Jeden Sonnabend u. Sonntag gemütliches, geselliges Beisammensein in unserem neuen Klublokal Restaurant "Sonnenhof" [in] Stuttgart, Rotebühlstr. 89 beim Feuersee ... Tanz! Stimmung! Freundinnen werdet Mitglieder! Jeden Mittwoch Mitglieder-Versammlung [der] Ortsgruppe Stuttgart. Claere Angel, Vorsitzende der Damenabteilung."[272] Eine ähnliche Anzeige erschien noch zweimal 1931 sowie im Frühjahr 1932.[273]

Zu allen in der "Freundin" ausgewiesenen Gruppen in **Weimar** konnten Kontakte ausschließlich über Postlagerkarte aufgenommen werden. Ob das die Ortsgruppe 1924[274] bzw. 1928[275] betraf oder die Damengruppe 1927[276] bzw. 1930[277], war dabei einerlei. So entsteht nur ein vager Eindruck über die Angebote in Weimar. Bekanntgegeben wurde außer der Existenz der Gruppen der Wochentag, an dem sie sich trafen:

---

[270] Freundin 3 (1927), Nr. 8
[271] Freundin 6 (1930), Nr. 19
[272] Freundin 7 (1931), Nr. 21
[273] Vgl. Freundin 7 (1931), Nr. 32 und 33 sowie 8 (1932), Nr. 19
[274] Vgl. Freundin 1 (1924), Nr. 8, Beilage "Berliner Inseratenblatt" vom 28.11.1924
[275] Vgl. Freundin 4 (1928), Nr. 1
[276] Vgl. Freundin 3 (1927), Nr. 22
[277] Vgl. Freundin 6 (1930), Nr. 19

jeden Sonnabend. Das galt für die Ortsgruppen in den Jahren 1924 und 1928 und 1930 für die Damengruppe.

In **Wiesbaden** verkündete lediglich 1930 ein privater Kreis sein Bestehen: "Gebildete Damen können sich Privatzirkel anschließen."[278]

Wer sich 1924 in **Zwickau** der Ortsgruppe des BfM anschließen wollte, konnte bei Friedrich Borig in Leubnitz (bei Werdau in Sachsen), Schillerstraße 10 anfragen.[279] 1930 wurde die Möglichkeit angeboten, sich der Damengruppe über Postlagerkarte zu nähern.[280]

Auch wenn sich die lesbische Sub- und Gegenkultur in den zwanziger Jahren auf Berlin konzentrierte, bot die "Provinz" doch zweifellos eine Fülle von Möglichkeiten, in Gruppen, auf Festen, bei Vorträgen oder in Lokalen untereinander in Kontakt zu treten. Allerdings waren solche Angebote offensichtlich regional unterschiedlich ausgeprägt. Es scheint so, als ob die meisten Treffpunkte im Norden und Osten der Republik existierten. Die ausgeprägteste Subkultur außerhalb Berlins bot sicherlich Hamburg. Bemerkenswert vielfältig bzw. kontinuierlich waren weiterhin die Annoncen aus Braunschweig, Breslau, Dresden, Essen, Frankfurt a.M. und Leipzig. Es mag sein, daß das nordöstliche Übergewicht der Angebote lesbischer Subkultur so nicht bestand, sondern lediglich auf die regional unterschiedliche Verbreitung der Zeitschriften hinweist. Möglicherweise ist die ungleiche regionale Verteilung der Inserate auch ein Ergebnis der unterschiedlichen Duldung der Subkultur durch die regionale Öffentlichkeit oder durch die Polizeipräsidenten. Obwohl

---

[278] Ebd., Nr. 44
[279] Vgl. Freundin 1 (1924), Nr. 8, Beilage "Berliner Inseratenblatt" vom 28.11.1924
[280] Vgl. Freundin 6 (1930), Nr. 19

homosexuelle Treffpunkte nicht grundsätzlich verboten waren, konnten sie doch wegen des Verdachts der "Unzüchtigkeit" geschlossen oder das Publikum durch Razzien zermürbt werden. Polizeipräsidenten konnten für ihre Region sogar jegliche Tanzveranstaltung und Versammlung der *Homosexuellen* verbieten, wie es 1932 der Berliner Polizeipräsident tat.[281]

Besonders auffällig ist die Verteilung der Angebote in Zeitschriften des "Deutschen Freundschaftsverbandes". Neben Chemnitz, Dresden, Breslau, Königsberg, Leipzig usw. erschienen dort lediglich Hamburg und München im Anzeigenteil. Der Verband bzw. dessen Zeitschriften scheinen im Osten deutlich stärker verbreitet gewesen zu sein als im Süden oder im Westen.

Wenig einheitlich stellen sich auch die einzelnen Jahre dar. Die mit Abstand meisten Annoncen finden sich für das Jahr 1927. Möglicherweise hatte sich in diesem Jahr die Subkultur reichsweit erst voll entfaltet. In den beiden darauf folgenden Jahren war die "Freundin" vom sog. "Schmutz- und Schundgesetz" betroffen und stellte ihr Erscheinen vorrübergehend ein, so daß zu vermuten ist, daß die Zeitschriften-Werbung erst langsam wieder anlief. Schließlich erschienen 1930 und 1931 etliche Lokale, Ortsgruppen usw., die bis dahin oft jahrelang kontinuierlich geworben hatten, zumeist abrupt nicht mehr auf den Anzeigenseiten. Es wäre denkbar, daß sich hier Auswirkungen der Wirtschaftskrise zeigten.

---

[281] Vgl. Kokula 1984, S. 153

Viertes Kapitel

Eine Lehrerin in Geestemünde konfrontiert sich mit der Idee der Homosexualität

Sich mit den sexualwissenschaftlichen Ideen über Frauenliebe zu beschäftigen, konnte als befreiend, aber auch als schmerzhaft und verwirrend erlebt werden. Sich darüber hinaus als weibliche Homosexuelle zu identifizieren erforderte u.a. die Anerkennung der Zuschreibung, "anders" bzw. "unnormal" zu sein. Die Studienrätin Anna Philipps war zu Anfang der zwanziger Jahre im norddeutschen Geestemünde (heute ein Stadtteil von Bremerhaven) damit konfrontiert. Was genau unter Homosexualität zu verstehen war und wie dies mit ihrer Lebensweise korrespondierte, konnte sie sich nicht erklären.

In ihrer Verwirrung löste sie heftige Auseinandersetzungen mit ihren Freundinnen aus, die im Frühjahr 1922 schließlich den Direktor und die vorgesetzte Behörde, das Provinzial-Schulkollegium (PSK), erreichten. Der Schuldirektor hielt die Kollegin Philipps für nicht tragbar und warf ihr vor, eine Schülerin verführt zu haben. Das PSK ermittelte, wies die Vorwürfe ab, bestand jedoch auf einer Versetzung der Unruhestifterin Frl.[282] Philipps.

---

[282] Die Geestemünder Kolleginnen bezeichneten sich untereinander beharrlich als "Fräulein" (nicht z.B. als "Studienrätin" usw.) und drückten damit einen gewissen Stolz über ihren Status als Ledige aus. Um diesen Stolz hier erkennbar zu machen, übernehme ich diese Bezeichnung - nicht etwa, um die zu Recht hart bekämpfte Geringschätzung auszudrücken, die so oft mit dem Begriff des "Fräuleins" verbunden wurde und wird.

In den folgenden Jahren engagierte sich diese sehr, um wieder zurückversetzt zu werden, und verfaßte in diesem Zusammenhang eine Broschüre[283], in der sie die Affäre darstellte. Darin veröffentlichte sie u.a. Gutachten und etliche Schriftwechsel mit den Behörden. Besonders interessant ist diese Darstellung, weil sie nicht nur in seltener Ausführlichkeit zeigt, wie "homosexuellen" Frauen in der norddeutschen "Provinz" begegnet wurde, sondern auch, wie konfliktträchtig die modernen sexualwissenschaftlichen Ansichten individuell erlebt werden konnten.

Der Kreis der Freundinnen

Zunächst stellt sich die Frage, wie die befreundeten Lehrerinnen ihre Beziehungen untereinander gestalteten und bewerteten. Was empfanden sie als "normal", was als homosexuell? Wie stellten sie ihr eigenes Verhalten dar?

Die Äußerungen über den Umgang, den die beteiligten Frauen untereinander pflegten, sind durchaus widersprüchlich. Fast alle diese Aussagen wurden von einer Vertreterin des hannoverschen Provinzial-Schulkollegiums protokolliert und sind in der Broschüre Philipps' wiedergegeben. Nun muß bedacht werden, daß sie aufgenommen wurden, um zu untersuchen, ob die Verhältnisse unter den Frauen innerhalb des gesellschaftlich akzeptierten Rahmens geblieben waren - also daß vermutlich fast alle Lehrerinnen Schutzbehauptungen aufstellten. Darüber hinaus waren die Frauen zerstritten. Das äußerte sich beispielsweise darin, daß die meisten Lehrerinnen behaupteten, jeweils andere Lehrerinnen hätten homosexuelle Annäherungen unternommen, während sie selbst "normal"

---

[283] Anna Philipps: Um Ehre und Recht. Mein Kampf gegen das Provinzial-Schulkollegium Hannover und das Ministerium für Wissenschaft, Kunst und Volksbildung. Berlin 1931. Leider war meine Archiv-Recherche nach Akten dieses Vorfalls vergeblich, so daß die Angaben der Broschüre nicht verifiziert werden können.

seien. In diesem Punkt widersprechen sich alle Aussagen. Übereinstimmend sind die Aussagen darin, daß zärtliche und innige Freundschaften unter Frauen als normal und keineswegs als homosexuell anzusehen seien.

Anna Philipps, 1881 geboren und ab 1914 Oberlehrerin in Geestemünde, schilderte die Verhältnisse unter den Freundinnen ausführlich. Demnach lebte sie im Jahre 1921 bereits seit Jahren mit ihrer Kollegin Frl. Sickermann zusammen. Philipps bat sie um Rat, wie sie eine ihr nicht mehr angenehme Freundschaft mit einer weiteren Kollegin, Frl. Hardrat, lösen solle. Frl. Hardrat hätte, so Anna Philipps, ihr "unumwunden" gesagt, sie seien beide homosexuell. Zuvor hatte sich Philipps den Film "Anders als die anderen" angesehen und ein Buch von Magnus Hirschfeld gelesen, sich also mit der sexual-reformerischen Definition von gleichgeschlechtlicher Liebe befaßt. Darüber unterhielt sie sich mit Frl. Hardrat und akzeptierte zunächst deren Ansicht, daß sie beide homosexuell seien. Allerdings war Frl. Philipps vom Verhalten Frl. Hardrats, das sie als "zärtlich-sinnlich" beschrieb, bald abgestoßen. Die nun um Rat gebetene Frl. Sickermann schlug vor, die Freundschaft per Brief zu lösen. So geschah es. Mehr oder weniger gleichzeitig war eine weitere Freundschaft Frl. Philipps' problematisch geworden, diesmal mit der Schülerin Anni Sültrup aus der Unterprima[284], die seit Ende 1921 bestand. Wieder scheint die Kategorie Homosexualität das Verhältnis verändert zu haben. Frl. Hardrat habe ihr, so Frl. Philipps, mitgeteilt, die Schülerin sei homosexuell, woraufhin sie den Kontakt zu der Schülerin abbrechen wollte. Als diese aber "aufgeregt und unglücklich" reagierte, "gestattete ich ihr weiter, mich hin und wieder zu besuchen. Einmal versuchte ich auch, sie zu verscheuchen, indem ich ihr törichterweise sagte, es

---

[284] Vorletzte Klasse des Gymnasiums. Die Schülerin war ca. 18-19 Jahre alt, vgl. S. 91

hätte mir jemand gesagt, unsere Freundschaft sei homosexueller Art. Aber da wir beide schließlich über dieses Wort und die Idee lachen mußten, so war alles beim alten geblieben."[285]

Soweit Frl. Philipps' Darstellung, die darauf hinausläuft, daß ihre eigene Unsicherheit ob ihrer Empfindungen unbedeutend und das Verhältnis mit der Schülerin über jeden Tadel erhaben war, während Frl. Hardrats Homosexualität die Harmonie im Freundinnenkreis gestört habe. Dagegen beschrieb Frl. Sickermann, die mit Frl. Philipps zusammenlebte, ihre Mitbewohnerin als entscheidenden Störfaktor. Frl. Sickermann ging davon aus, "daß alle Erregtheit von Fräulein Ph.[ilipps] sich nur daraus erkläre, daß sie ungesund für mich empfände und etwas bei mir zu finden gehofft hätte, was ich einem weiblichen Wesen nicht gewähren könnte. Nach meiner Ansicht liegt hier der Schlüssel zu ihrem merkwürdigen Wesen."[286]

Frl. Sickermann grenzte sich vollständig davon ab, ihre eigene Lebensform unter dem Gesichtspunkt der Homosexualität zu betrachten, und war von Frl. Philipps' Interesse an diesen Fragen deutlich entnervt. In den gemeinsamen Geprächen scheint sie Antworten ausgewichen zu sein und Frl. Philipps ganz allgemein geraten zu haben, sich nicht länger damit zu beschäftigen, weil sie dadurch den Charakter ihrer Freundschaft mißverstünde.

Doch was zeichnete ihre Freundschaft aus der Sicht Frl. Sikkermanns aus - außer, daß sie nicht als homosexuell verstanden werden sollte? Für Frl. Sickermann scheint es selbstverständlich gewesen zu sein, eine innige Freundschaft exklusiv zu pflegen. So empfand es Frl. Sickermann als nahe-

---

[285] S. 5. Alle Seitenangaben dieses Kapitels beziehen sich, wenn es nicht ausdrücklich anders angegeben ist, auf den ersten Teil der Broschüre von Philipps. Jede Angabe aus dem zweiten Teil der Broschüre ist mit "II" gekennzeichnet.

[286] S. 67. Die Aussage Sickermanns befindet sich auf den S. 55-69

liegend, daß Frl. Hoffmann im Oktober 1917 aus dem bisher zu dritt geführten Haushalt auszog, weil diese die Situation nicht mehr ertrug, daß Frl. Philipps um 1916 ihr besonderes Interesse von Frl. Hoffmann ab- und Frl. Sickermann zugewendet hatte. Als Frl. Philipps einmal krank war und Frl. Sickermann sich in dieser Zeit mit Frl. Hardrat treffen wollte, empfand sie Frl. Philipps als mißtrauisch. Für Frl. Sickermann war es nun scheinbar folgerichtig, sich unter diesen Umständen heimlich mit Frl. Hardrat selbst bei Regen und Unwetter vor der Tür zu treffen. Erst als Frl. Sikkermann und Frl. Philipps sich häufig stritten, forderte Frl. Sikkermann die Möglichkeit ein, Freundschaften ohne Eifersucht und Mißtrauen zu führen. Nachdem ihr Frl. Philipps dies (und anderes) zugestand, blieb sie weiterhin in der gemeinsamen Wohnung wohnen.

Beiläufig erwähnte sie außerdem, daß es selbstverständlich sei, im Urlaub in einem Bett zu übernachten.[287] Weniger unbefangen äußerte sie sich über den Austausch von Küssen. Frl. Sickermann sagte aus, sie hätte sich Küsse von Frl. Philipps gefallen lassen, ohne dagegen aufzubegehren, weil sie selbst zu zart wäre, um Frl. Philipps roh abzuweisen. Diese Passage ihrer Aussage erweckt den Eindruck, daß Frl. Sickermann sich nicht sicher war, ob der Austausch von Küssen bereits den Verdacht der Homosexualität nahelegte. An anderer Stelle, als sie nicht über eigene Erlebnisse aussagte, scheint ihr die Grenzziehung leichter gefallen zu sein: "Schließlich erklärte sie [Philipps], Fräulein Hardrat habe ihr Zärtlichkeiten entgegengebracht, die ihr unangenehm seien. [...] Meine Schwester und ich haben Fräulein Ph. bei dieser Gelegenheit gesagt, daß sie Fräulein Hardrats Freundlichkeiten und deren Güte falsch auffasse, weil sie sie nur unter dem einen, dem homosexuellen Gesichtspunkte ansähe, und sie dürfe sich nicht weiterhin mit

---

[287] Vgl. S. 57

homosexuellen Fragen beschäftigen. Wieder gestand sie fast alles zu. - Trotzdem las sie uns bald darauf in der indiskretesten Weise in der Küche den Abschiedsbrief von Fräulein Hardrat, der voll von Schmerz und Zerrissenheit über den Bruch der Freundschaft lautete, vor."[288]

Insgesamt legte Frl. Sickermanns Aussage nahe, daß innige Freundschaften unter Frauen keineswegs anstößig seien; erst Frl. Philipps' Interesse an der sexualwissenschaftlichen Perspektive habe die Verhältnisse verkompliziert und negativ verändert. Mit ihrer Aussage, die von der ermittelnden Beamtin als "offensichtliche Gehässigkeit"[289] gewertet wurde, wollte Frl. Sickermann ihrer Mitbewohnerin sichtbar schaden. Sie erwähnte, daß sie zitterte, wenn sie Frl. Philipps Schritte hörte, und daß diese bei ihr nur "'der Vampyr' oder 'das Tier'"[290] hieß. In diesem Zusammenhang sprach sie auch von "brennenden Augen", die Frl. Philipps gehabt habe, wenn diese ihr Zimmer verließ.

Auch Frl. Hardrat - nach Frl. Philipps' Aussage eine *Homosexuelle*, nicht jedoch nach der Aussage Frl. Sickermanns - grenzte sich von Frl. Philipps genauso ab wie von der Kategorie Homosexualität. Nach ihrer Darstellung beendete sie die Freundschaft, weil "Fräulein Ph. mich völlig mißverstanden und eindeutig unser Verhältnis aufgefaßt hatte. Ich war wie aus dem Gleise geworfen, ich kam mir beschmutzt und entwertet vor und trauerte um den Verlust einer Freundschaft."[291] Ähnlich wertete sie auch gegenseitige Zärtlichkeiten: "Einmal im Anfang unserer Freundschaft fragte sie [Philipps] Fräulein Gärtner und mich, ob wir etwas dabei fänden, wenn Freundinnen sich küßten, wir verneinten es beide. Als ich aber Neujahr

---

[288] S. 65
[289] Begleitschreiben der Oberschulrätin Wurmb an das Ministerium vom Dezember 1922, vgl. S. 69
[290] S. 60
[291] S. 50. Die Aussage Hardrats befindet sich auf S. 48-53

[...] in der Wiedersehensfreude ihr einen schnellen Kuß gab, sagte sie: 'Ich habe gelesen, jeder Kuß löst eine sexuelle Wirkung aus.' Es verletzte mich derart, daß ich verstummte und dachte: 'Nie wieder.'"[292] An anderer Stelle distanzierte sie sich in einer inszeniert anmutenden Weise davon, überhaupt den Wunsch nach Küssen verspürt zu haben: "Fräulein Ph. fragte mich immer wieder, ob ich meine Freundinnen oder die jungen Mädchen, ehemalige Schülerinnen, küßte. Ich sagte nur immer lachend 'nein, niemals dächte ich auch nur daran.'"[293]

Anscheinend war Frl. Hardrat durch die Konfrontation mit der Vorstellung von Homosexualität erheblich irritiert. So liest sich ihre Aussage; und auch die anderen Lehrerinnen äußerten nicht die Vermutung, sie sei homosexuell. Lediglich Frl. Philipps sagte aus, daß Frl. Hardrat sich als *Homosexuelle* empfand - möglicherweise eine Schutzbehauptung. Frl. Hardrat jedenfalls bestand darauf, die neue Kategorie der Homosexualität nicht erforscht zu haben. Stolz berichtete sie, daß sie ein Buch Hirschfelds fast ungelesen an Frl. Philipps zurückgab und Gespräche über dieses Thema verweigerte.[294]

Ausgesprochen empört reagierte eine weitere Lehrerin, Frl. Fricke, über die Vorstellung, sie könne homosexuell empfinden. Frl. Fricke bemühte sogar einen Rechtsanwalt und wollte eine Klage wegen Verleumdung anstrengen, weil Frl. Philipps sie gefragt hatte, ob sie je gleichgeschlechtlich verliebt gewesen sei. Sicherlich beeinflußte ihre Empörung auch ihre Aussage, denn es entsteht der Eindruck, daß sie Frl. Philipps schaden wollte, indem sie deren Worte folgendermaßen wiedergab: "'Ich bin rasend verliebt in Anni Sültrup. [...] Anni Sültrup und ich küssen uns bis zur Bewußtlosigkeit. Ich kann es nicht mehr lassen und Anni Sültrup auch nicht. Ich habe eine Berechtigung, das zu tun. Was daraus werden soll, weiß ich

---

[292] S. 50
[293] S. 49
[294] Vgl. S. 49f

nicht. Zurück kann ich nicht mehr. Einmal hat sie bei mir geschlafen'".[295]

Unter den Lehrerinnen war Frl. Hoffmann die einzige, die sich in ihrer Aussage nicht von homosexuellem Begehren distanzierte. Obwohl sie zeitweise durchaus eng mit Anna Philipps verbunden gewesen war, gab sie lediglich zu Protokoll, daß Frl. Philipps um Ostern 1922 wegen des Abbruchs der Beziehung mit Frl. Sültrup litt und daß sie selbst mit Frl. Philipps eine Wanderung unternommen hätte.[296]

Leider ist die Aussage der Schülerin Anni Sültrup nicht dokumentiert. In der Broschüre befindet sich ein Schreiben, mit dem Frl. Philipps das PSK aufforderte, ihr diese Aussage zugänglich zu machen; ihr wurde geantwortet, daß "Fräulein Sültrup weder in dem staatsanwaltlichen Ermittlungsverfahren, noch bei den Vernehmungen, die wir z. Zt. vorgenommen haben, Belastendes über Sie ausgesagt"[297] habe. Es scheint also, daß Frl. Philipps kein unerlaubtes Verhältnis mit ihrer Schülerin gehabt hatte; abschließend läßt sich das nicht beurteilen. Als erlaubt und unverfänglich galt durchaus, daß Schülerinnen für die Lehrerinnen schwärmten und in deren Häusern verkehrten. So äußerte sich jedenfalls Frl. Sickermann.[298]

Durch alle Aussagen zieht sich eine grundlegende Verunsicherung darüber, wie der Begriff der Homosexualität zu verstehen sein und mit dem eigenen Beziehungsgefüge ins Verhältnis gesetzt werden sollte. In dieser Atmosphäre war es sicherlich erschwert, an den neuen Vorstellungen über Frauenliebe interessiert zu sein.

---

[295] S. 53. Die Aussage Frickes befindet sich auf S. 53f
[296] Vgl. S. 55
[297] Mitteilung des PSK an Philipps vom 22.12.1925, S. 35
[298] Aussage von Sickermann über ihren eigenen (aus ihrer Sicht unverfänglichen) Umgang mit Schülerinnen, vgl. S. 66

Vom Ermittlungsverfahren bis zur Zwangspensionierung

Aufgrund der Verwirrung über die Frage, was als homosexuell zu gelten habe, waren, darin sind sich alle Aussagen einig, vor Ostern 1922 mehrere Freundschaften zerbrochen. Die Freundschaften von Frl. Philipps mit Frl. Hardrat, mit Frl. Sickermann und mit Frl. Fricke waren davon unmittelbar betroffen. Mehr noch, die Lehrerinnen Hardrat, Fricke und auch Philipps fühlten sich diffamiert. Jede erwähnte, daß über sie erzählt wurde, sie sei homosexuell, und daß sie dieses Gerede als Verleumdung wertete.

Verschiedene Versuche, die Situation im Kreis der Kolleginnen zu entschärfen, mißlangen. Besonders Frl. Fricke war empört, daß Frl. Philipps ihr unterstellt hatte, sie habe ein homosexuelles Verhältnis mit einer Schülerin. Am ersten Tag der Osterferien 1922 wandte sich Frl. Fricke an das PSK in Hannover und beschuldigte Frl. Philipps, ein homosexuelles Verhältnis mit der Schülerin Sültrup zu haben und sie selbst zu verleumden.[299] Am gleichen Tag sprach wiederum Frl. Philipps mit dem Direktor der Schule. Dem Direktor Woeste lag inzwischen ein Brief der Schülerin Sültrup an Frl. Philipps vor, den Frl. Sikkermann entwendet und dem Direktor übergeben hatte. Gegenüber dem Direktor erwähnte Frl. Philipps sowohl den Streit unter den Lehrerinnen mitsamt den gegenseitigen Beschuldigungen über homosexuelles Empfinden als auch ihre eigenen Zweifel über ihre mögliche Homosexualität.[300]

Daraus erwuchs nun ein jahrelanger Konflikt, dessen Ursache die ermittelnde Oberschulrätin Wurmb so darstellte: "Die Studienrätin Anna Philipps hat den ersten Anstoß zu dem langwierigen Streitfall selbst gegeben, dadurch, daß sie im

---

[299] Vgl. S. 69 und 53f
[300] Vgl. S. 6

Frühjahr 22 der Oberschullehrerin Fricke und dann auch dem Studiendirektor Woeste gegenüber die Frage aufwarf, ob ihre Beziehungen zu der damaligen Schülerin Sültrup homosexueller Art seien."[301] Das aber stritt Frl. Philipps vehement ab. Laut ihrer eigenen Darstellung stand für sie immer fest, daß ihr Verhältnis mit der Schülerin keineswegs homosexuell war. Verunsichert war sie vielmehr darüber, wie sie ihre Beziehungen mit den Kolleginnen deuten sollte.[302] Deshalb verblüfft es, daß Anna Philipps die Unterstellung hinnahm, eine homosexuelle Frau suche zwangsläufig nicht nur mit Erwachsenen, sondern auch mit Schülerinnen sexuelle Kontakte. Auch keine andere an dem Konflikt beteiligte Person scheint diese absurde Unterstellung in Frage gezogen zu haben. In der Broschüre findet sich keine Aussage, in der darauf bestanden würde, daß homosexuelle Lehrerinnen selbstverständlich nichtsexuelle Kontakte zu Schülerinnen pflegen können und in der Mehrzahl ihre erotischen Interessen nicht auf Mädchen, sondern auf Frauen richten.

Zunächst enthob der Direktor Frl. Philipps ihres Dienstes. In seiner Meldung an das PSK heißt es: "1. Fräulein Ph. hat seit Weihnachten mit der Schülerin Sültrup ein Liebesverhältnis, das nach den mir vorliegenden Briefen der beiden Beteiligten die erlaubten Grenzen überschritten zu haben scheint. 2. Von diesem Liebesverhältnis haben außerhalb der Schule Stehende Kenntnis. 3. Fräulein Ph. beschuldigt Mitglieder des Kollegiums, pervers oder homosexuell zu sein. 4. Fräulein Ph. ist nach ihrer augenblicklichen Geistesverfassung nicht imstande, Unterricht zu erteilen."[303] Woeste bat um eine Untersuchung durch einen Vertreter des PSK, notierte aber, er halte

---

[301] Schreiben Wurmbs an den Staatsanwalt von 1926, S. 71
[302] Vgl. z.B. S. 4f
[303] S. 44. Warum Woeste von mehr als einem Brief sprach, ist mir unverständlich.

die Schuld Anna Philipps' für erwiesen und erwarte, daß diese den Schuldienst nicht länger ausüben werde.[304]

Die Oberschulrätin Wurmb[305] vom PSK Hannover verlangte von Frl. Philipps ein psychiatrisches Gutachten über die strittige Frage ihrer Homosexualität. Nach dreiwöchigen Gesprächen kam der Psychiater Wietfeldt in Bremerhaven, ein Schüler von Magnus Hirschfeld, zu dem Schluß, daß Frl. Philipps nicht homosexuell war.[306] Einige Tage später fand das Ermittlungsverfahren statt, in dessen Verlauf alle Beteiligten gehört wurden. Während dieses Verfahrens nahm Frl. Philipps die Anschuldigung zurück, Frl. Sickermann und Frl. Fricke seien homosexuell, weil - so stellte sie es dar - ihr Frl. Wurmb sagte, das könne deren Entlassung bedeuten. Weiterhin entlastete Frl. Wurmb Anna Philipps von dem Vorwurf, ein homosexuelles Verhältnis mit der Schülerin Sültrup gehabt zu haben, bestand aber darauf, daß Philipps nicht mehr in der Klasse der Unterprima unterrichten dürfe. Statt jedoch über den glimpflichen Ausgang des Verfahrens erleichtert zu sein, war Frl. Philipps über die Maßregelung bestürzt. Das Verhalten Frl. Wurmbs beschrieb sie als "schroff", "merkwürdig" und "herrisch".[307] Doch ist kaum zu übersehen, daß die Oberschulrätin Wurmb die Affäre nach Kräften begrenzt hatte.

In der folgenden Zeit fühlte sich Frl. Philipps sehr unwohl an der Schule, weil sie unter dem distanzierten Verhalten des

---

[304] S. 47
[305] Agnes Wurmb war zunächst selbst Oberschullehrerin, promovierte 1911 und wurde 1921 die erste Oberschulrätin in der Provinz Hannover. Sie war nicht verheiratet. Vgl. die knappe Biographie von Schroeder in dies. (Hg.) 1990, S. 262f
[306] Vgl. zum Gutachten S. 8. Dieser Arzt empfahl ihr um 1926, sich an seinen früheren Lehrer Hirschfeld zu wenden, vgl. S. 16f. Übrigens scheint sich Philipps der Schreibweise des Namens nicht sicher gewesen zu sein. Auf S. 8 schrieb sie ihn als "Wietfeldt", auf S. 16 als "Wietfeld" und auf II, S. 9 als "Wiedfeld".
[307] Darstellung Anna Philipps', vgl. S. 8f

Kollegiums, des Direktors und der Schülerinnen litt. Sie ging für mehrere Monate in Urlaub. Frl. Wurmb legte ihr nahe, sich versetzen zu lassen, doch Frl. Philipps weigerte sich. Zum November 1923 wurde sie nach Harburg zwangsversetzt.[308]
Inzwischen hatte Frl. Philipps gegen Frl. Sickermann eine Klage wegen Verleumdung angestrengt - "Sie sollte nämlich gesagt haben, ich sei homosexuell"[309] -, jedoch auf Anraten ihres Rechtsanwaltes wieder zurückgezogen. Etliche Klagen und Eingaben folgten in den nächsten Jahren, denn inzwischen interpretierte sie die Geschehnisse so: "Je länger mein Kampf um die Wiederherstellung meiner Berufsehre dauerte, desto klarer wurde die Stellung der Behörden in dieser Frage. Dirnen und homosexuelle Lehrkräfte können machen, was sie wollen, sie werden beschützt, anständige Lehrkräfte aber dürfen verleumdet werden von diesen Personen. Die Behörde hilft durch ihre Maßnahmen dazu, daß der Schein falschen Verdachtes auf sie fällt..."[310] Sich selbst empfand sie als anständige Lehrkraft, dagegen ihre ehemalige Freundin Frl. Hardrat als Homosexuelle, und mit der "Dirne" ist ihre ehemalige Schülerin Anni Sültrup gemeint.

Der Direktor in Harburg war zunächst mit ihr zufrieden, wurde jedoch ungehalten, als Frl. Philipps in ihren Anstrengungen auf "Rehabilitation" und Rückversetzung nicht nachließ. Auch das PSK reagierte gereizt, denn Frl. Philipps reichte unverdrossen insgesamt 17 Eingaben ein, um zu einem Disziplinarverfahren zu kommen, von dem sie sich ihre "Rehabilitierung" erhoffte. Die Behörde antwortete darauf lange Zeit vor allem mit dem Ansinnen, Frl. Philipps solle die Angelegenheit endlich ruhen lassen. Schließlich verlangte ein Beamter des PSK - Frl. Wurmb war nicht mehr zuständig - ein ärztliches Gutachten über die Ursache der wiederholten Ein-

---

[308] Vgl. S. 9-11
[309] S. 10
[310] S. 12

gaben und Anzeigen, die das PSK als pflichtwidriges Verhalten bewertete.

Tatsächlich stellte der Kreisarzt Dr. Schablowsky im Februar 1927 nach Aktenlage fest, Frl. Philipps hätte eine erbliche Belastung für Geisteskrankheit und Homosexualität. Mit einem Trinker als Vater, einer im Alter geistesschwachen Großmutter, einer Schwester, die in einer Irrenanstalt gestorben war und schließlich einem Bruder, dessen Karriere als Offizier durch ein Verfahren wegen Homosexualität beendet worden war, schien für den Arzt kein Zweifel an Frl. Philipps' erblicher Anlage für Homosexualität und Geisteskrankheit möglich gewesen zu sein. Zusätzlich sei "Querulantenwahnsinn" anzunehmen.[311]

Unterdessen wandte sich Frl. Philipps an Magnus Hirschfeld, um sich ein Attest ausstellen zu lassen. Auf dessen Grundlage erhoffte sie sich ein Disziplinarverfahren mit "Rehabilitation" ihrer Person. Nach ihrem dreiwöchigen Aufenthalt in seiner Klinik stellte er ihr ein Attest aus, in dem er bescheinigte, sie sei nicht homosexuell.[312] Die Reaktion des PSK bestand darin, im Oktober 1927 ein erneutes Attest des Kreisarztes Dr. Schablowsky anzufordern. Diesmal sollte Frl. Philipps von ihm jedoch untersucht werden. Das PSK unterstellte, daß ihr "Nervenzustand die Ursache dieses pflichtwidrigen Verhaltens ist".[313] In seinem Gutachten vom 30.12.1927 urteilte der Kreisarzt tatsächlich auf "Querulantenwahnsinn".

Sofort untersagte das PSK Hannover Frl. Philipps wegen Dienstunfähigkeit den Unterricht und forderte sie auf, ihre Versetzung in den Ruhestand zu beantragen. Obwohl sie ein Gegengutachten von Magnus Hirschfeld beibrachte, in dem der Diagnose "Querulantenwahnsinn" bei Frl. Philipps widersprochen wurde, blieb das PSK bei seiner Haltung. Hirschfeld

---

[311] Vgl. S. 73-75
[312] Vgl. S. 17. Das Attest ist nicht dokumentiert.
[313] S. 36

hatte über Frl. Philipps' Unbeugsamkeit erklärt, "daß allein der Ruf, homosexuell zu sein, schon genügt, um eine für den Betreffenden unerträgliche Situation zu schaffen, ganz abgesehen von den Schädigungen in materieller Hinsicht. ... Wiederum müssen wir betonen, daß ... diese Reaktion als durchaus im Bereich des normalen liegend zu bewerten ist."[314]

Während der Auseinandersetzung um Frl. Philipps' Pensionierung erschienen Artikel in den "Harburger Anzeigen und Nachrichten" und im "Hamburgischen Correspondent", die Partei für Frl. Philipps und die sie unterstützende Elternversammlung ergriffen.[315]

Gegenüber dem PSK erhob Frl. Philipps etliche Einwände und Einsprüche und setzte so durch, daß im Dezember 1928 ein weiteres Gutachten von Dr. Mohrmann vom gerichtsärztlichen Ausschuß für die Provinz Hannover erstellt wurde. In diesem Gutachten legte sich Dr. Mohrmann mit seiner Diagnose nicht fest und schlug Frl. Philipps' Versetzung in eine andere Provinz vor. Falls sie dort "zur Ruhe" käme, wäre sie nicht dauernd dienstunfähig. Dr. Mohrmann räumte ein, daß die klinischen Definitionen sowohl von Homosexualität als auch von Querulantenwahnsinn möglicherweise unbrauchbar seien. Vorsichtig formulierte er, daß die Ansichten darüber sich ständig "in Fluß" befänden und daß er erfreulicherweise kein Urteil abgeben müsse, ob er Frl. Philipps für homosexuell hielte. Obwohl die sexuelle Ausrichtung in manchen Fällen einfach festzustellen sei, sei es in anderen Fällen schwierig, normale Empfindungen zu beweisen. Für die Betrachtung des Querulantenwahnsinns gelte, daß die Übergänge zwischen normal und abnormal inzwischen als fließend angesehen werden müßten. Einerseits sei Frl. Philipps' Unbeugsamkeit verständlich, andererseits grenze sie durch die Unerschütterlichkeit ans Krankhafte. Außerdem sei ihre Vermutung, einem

---

[314] S. 79. Das Attest ist dokumentiert.
[315] Vgl. S. 18f und 23-25

homosexuellen Komplott ausgeliefert zu sein, als krankhaft zu bezeichnen, wobei die erbliche Belastung von Bedeutung sei. Ohne Gründe dafür anzuführen, kam Dr. Mohrmann zusammen mit zwei weiteren Ärzten sechs Wochen später in einem Nachtragsgutachten zum entgegengesetzten Schluß: "Die Studienrätin Anna Philipps ist für ihre Handlungen nicht voll verantwortlich zu machen; sie ist vielmehr als eine ausgesprochen pathologische Persönlichkeit nur als 'vermindert zurechnungsfähig' im Sinne eines Entwurfs des Strafgesetzbuches anzusehen."[316] Aufgrund dessen wurde Frl. Philipps zum 1.7.1929 in den Ruhestand versetzt.[317]

Ungefähr in dieser Zeit bemühte sich Frl. Philipps, ihre Sicht der Dinge mit Unterstützung der Nationalsozialisten öffentlich darzustellen.[318] Doch die NSDAP scheint sich, genauso wie die Deutschnationale Volkspartei, nicht engagiert zu haben.[319]

Schließlich wandte sich Anna Philipps an den Preußischen Minister für Wissenschaft, Kunst und Volksbildung. Das Ministerium hob die Zwangspensionierung am 25.7.1929 auf, weil es die ärztlichen Gutachten nicht für ausreichend hielt, um eine dauernde Dienstunfähigkeit festzustellen. Gemäß des ersten Gutachten Dr. Mohrmanns sollte Frl. Philipps allerdings keinesfalls weiterhin an einer ihr vertrauten Schule unterrichten oder ihre "Rehabilitierung" weiter betreiben. So kam sie unter Protest nach Neumünster in Holstein, wo sie vom 1.10.1929 an unterrichtete.[320]

Ein gutes Jahr später, am 10. November 1930, beantragte sie beim Ministerium für Wissenschaft, Kunst und Volksbildung erneut ein Disziplinarverfahren und legte die Broschüre

---
[316] S. 105. Das erste Gutachten befindet sich auf S. 81-105
[317] Vgl. S. 43
[318] Vgl. S. 22
[319] Vgl. S. 109. 1930 nahm sie erneut Kontakt mit der NSDAP auf, wurde jedoch enttäuscht. Vgl. II, S. 2f
[320] Vgl. II, S. 12f

mit ihrer Darstellung der Streitfälle bei. Gleichzeitig kündigte sie an, die Broschüre demnächst der Öffentlichkeit zu übergeben. Daraufhin forderte das PSK Schleswig sie auf, ihre Versetzung in den Ruhestand zu beantragen. Die Versetzung in eine andere Provinz sei der letzte Versuch gewesen; das gerichtsärztliche Gutachten Dr. Mohrmanns "stellte aber bereits in seinem Schlußabsatz fest, daß an der Notwendigkeit, Sie zwangsweise in den Ruhestand zu versetzen, kein Zweifel bestehe, wenn Sie sich auch in dem neuen Wirkungskreise nicht beruhigen würden".[321] Wenn Frl. Philipps nicht selbst ihre Pensionierung beantrage, werde ein Zwangspensionierungsverfahren eingeleitet.

Eine Einwendung blieb erfolglos, zum 31.5.1931 war Anna Philipps zwangspensioniert. Als letztes Rechtsmittel nahm sie den Rekurs in Anspruch, der jedoch zurückgewiesen wurde: "Die Akten zeigen, daß die Rekurrentin einen weder durch gütliche noch durch energische Vorstellungen zu mildernden Starrsinn, übertriebene Empfindlichkeit und ein krankhaftes Mißtrauen in die Unparteilichkeit der Maßnahmen ihrer vorgesetzten Behörden besitzt und allen sich auf ihre Dienstverhältnisse beziehenden Belehrungen und Weisungen unzugänglich ist."[322]

Aus einem anfänglichen Interesse Anna Philipps' an der sexualreformerischen Auffassung von Frauenliebe war, so läßt sich zusammenfassen, ein Konflikt entstanden, der letztlich zur Zerstörung ihrer beruflichen Existenz führte und sie haßerfüllt zurückließ. Während die anderen Lehrerinnen scheinbar unbeirrt ihre Freundschaften weiter pflegten - jedenfalls ist nichts Gegenteiliges verzeichnet -, wandelte sich ihr Selbstbild von einer möglicherweise homosexuellen Frau zur "anständigen" und "verleumdeten" Lehrerin, die ein Opfer von

---

[321] II, S. 13
[322] II, S. 25

Intrigen wurde. "Da ich heute weiß", führte sie um 1929 aus, "daß die Homosexuellen in enger Verbindung miteinander stehen, drängt sich mir der Gedanke mit zwingender Notwendigkeit auf, daß die Schülerin [Sültrup] mit Fräulein Hardrat in Verbindung stand, daß sie mich zu homosexuellen Handlungen bringen wollte, damit das von Fräulein Hardrat und Fräulein Sickermann in die Welt gesetzte Gerede bewiesen werden könnte."[323] Selbst das Institut von Hirschfeld, das sie immerhin zweimal unterstützt hatte, beschimpfte sie als "Sexualverbrecherschutzgesellschaft"[324]. Schließlich verstieg sie sich zu der Vermutung, daß die "humanitäre Gesellschaft" (d.i. das WhK) ihre ehemaligen Kolleginnen Hardrat und Fricke sowie die Schülerin Sültrup dafür belohnt hätte, daß diese ihr den "Ruf der Homosexualität"[325] angeheftet haben sollen.

Gegen jede Form der Duldung von Homosexualität schrieb sie nun wütend an. So äußerte sie sich 1931 über den Bestseller "Quell der Einsamkeit", in dem mit düsteren Beschreibungen um Toleranz gegenüber der lesbischen Liebe gebeten wurde: "Es wird dort so dargestellt, als ob die Homosexuellen verachtet und verstoßen werden von ihren Mitmenschen, weil sie homosexuell sind, daß sie dann anfangen zu trinken, Rauschgifte nehmen usw. kurzum, daß die Mitmenschen an ihrem Unglück Schuld sind. Meiner Meinung nach geht nun gerade aus diesem Buch, freilich ganz ungewollt, hervor, daß sie nicht wegen ihrer Homosexualität, sondern wegen ihrer übrigen schlechten Eigenschaften abstoßend wirken. Zu diesen schlechten Eigenschaften gehört in erster Linie das Intrigieren. Das kann man immer beobachten, wo sie sind, da

---

[323] S. 5
[324] II, S. 5
[325] Vgl. II, S. 5. Philipps nennt das Institut und das Wissenschaftlich-humanitäre Komitee beim falschen Namen, doch aus dem Zusammenhang sind sie eindeutig erkennbar.

ensteht auch Zank und Streit. Sie sind klatschsüchtig. Sie können nie einen geraden, klaren Weg gehen, in ihrem Reden und Tun. Gewöhnlich sind sie auch arbeitsscheu. [...] Die Homosexuellen, ob Männer oder Frauen, ob politisch rechts oder links stehend, ob Heuchler oder offen homosexuell, sind keine anständigen Menschen."[326]

Im Laufe der Zeit, nach mehr als zehn Jahren existentieller Konflikte um ihre Lebensweise, hatte die Vorstellung, selbst homosexuell zu begehren, scheinbar jegliche Attraktivität verloren.

---

[326] II, S. 11

Schlußbemerkung

Der massenhafte Aufbruch der *Artgenossinnen* in der Weimarer Republik war lebhaft und häufig euphorisch - in vielen Orten der Republik. Doch das zugrundeliegende Verständnis von lesbischem Begehren als Homosexualität rief ebenso Verwirrung und Haß hervor, wie das Beispiel der Lehrerin Philipps verdeutlicht. Oder wurde gar, wie von den Kolleginnen von Anna Philipps, möglichst ignoriert.

Selbst diejenigen, die das Konzept der Homosexualität auf sich selbst bezogen und daraus den Mut schöpften, sich mit Gleichgesinnten zu verbinden, beurteilten ihre Lage nicht durchweg positiv. In den Zeitschriften sprachen sie auffallend häufig von quälender Einsamkeit. Ob sie im Rheinland lebten oder bei Gera, in kleinen oder großen Städten: viele *Artgenossinnen* scheinen Einsamkeit als zentral erlebt zu haben.

Das dürfte zumindest teilweise darauf zurückzuführen sein, daß ihr Selbstverständnis als *Artgenossinnen* derartig scharf zwischen "normalen" und *homosexuellen* Frauen trennte und darauf basierte, sich selbst als Teil einer stigmatisierten Minderheit anzusehen. So wurde ein soziales Netzwerk mit Gleichgesinnten dringend notwendig, um nicht (allein oder als Paar) zu vereinsamen. Wenn jedoch der Zugang zu den entsprechenden Orten erschwert war - aus Ablehnung, wegen des geringen Angebots in der Region oder zu knappen finanziellen Mitteln -, blieb folgerichtig die Isolation. Eine Suche nach Lokalen oder Zeitschriften konnte in der "Provinz" lange Zeit erfolglos verlaufen. Besonders durch eine spärlicher verbreitete Subkultur und, wie immer wieder betont wurde, eine intolerantere Umwelt und dementsprechendes Gerede bzw. Klatsch unterschied sich die Situation in der "Provinz" von der in Berlin. Einige Frauen wiesen nachdrücklich darauf hin, daß es in der "Provinz" im Unterschied zu Berlin ausgesprochen schwierig sei, eine Partnerin zu finden. Manche trösteten sich, indem sie vermuteten, auch andere *Artgenossinnen* in der "Provinz" wären einsam; wieder andere nutzten Kontaktanzeigen.

Doch trotz ihrer Einsamkeit äußerten nur wenige, sie wünschten, nie von *Homosexualität* gehört zu haben. Angesichts der Texte und der Auflagenhöhe entsprechender Zeitschriften wie der "Freundin" liegt die Vermutung nahe, daß zehntausende von Frauen die positiven Auswirkungen ihres Selbstverständnisses als *Artgenossinnen* höher bewerteten als die negativen. Dies ist allerdings lediglich vorsichtig vermutet; eine weitergehende Forschung wäre sehr wünschenswert.

Insgesamt währte der Aufbruch der *Freundinnen* nur wenige Jahre. 1933 wurden die Lokale zumeist geschlossen, die Zeitschriften verboten, die Organisationen aufgelöst bzw. zerschlagen.[327] Es dauerte rund vierzig Jahre, bis lesbisch lebende Frauen mit einem vergleichbar starken Selbstbewußtsein wieder in großer Zahl öffentlich sichtbar wurden.[328]

---

[327] Vgl. Schoppmann 1991, S. 163-168
[328] Zu den fünfziger Jahren vgl. Plötz 1996

Literatur

Quellen:

Frauenliebe. Wochenschrift des "Deutschen Freundschafts-Verbandes". 5. Jahrgang (1929-1931)
Frauen Liebe und Leben. Organ des Deutschen Freundschafts-Verbandes, Jahrgang 1928, Nr. 1 und 2

Die Freundin.
1. Jahrgang 1924
2. Jahrgang 1925
3. Jahrgang 1927
4. Jahrgang 1928
5. Jahrgang 1929
6. Jahrgang (Nr. 16 und 17 fehlen)
7. Jahrgang 1931
8. Jahrgang 1932 (Nr. 25 fehlt)
9. Jahrgang 1933

Garçonne. Junggesellin.
Jahrgang 1930
Jahrgang 1931

Ackers, Maximiliane: Freundinnen. Ein Roman. Hannover 1923

Baumgardt, Manfred: Das Institut für Sexualwissenschaft und die Homosexuellenbewegung in der Weimarer Republik. In: Berlin-Museum (Hg.): Eldorado. Homosexuelle Frauen und Männer in Berlin 1850 - 1950. Geschichte, Alltag und Kultur. Berlin 1984

ders.: Das Institut für Sexualwissenschaft (1919-1933). In: Rüdiger Lautmann (Hg.): Homosexualität. Handbuch der Theorie- und Forschungsgeschichte. Frankfurt a.M./New York 1993, S. 117-123

Behrens, Christoph: Zum Wertewandel in der Bundesrepublik Deutschland. Geschichte der Schwulenbewegung in Braunschweig. Unveröffentlichte Magisterarbeit am Fachbereich 8 der TU Braunschweig [1990]

Bock, Gisela: Geschichte, Frauengeschichte, Geschlechtergeschichte. In: Geschichte und Gesellschaft 14 (1988), S. 364-391

Faderman, Lillian: Köstlicher als die Liebe der Männer. Romantische

Freundschaft und Liebe zwischen Frauen von der Renaissance bis heute. Zürich 1990

Frevert, Ute: Frauen-Geschichte. Zwischen Bürgerlicher Verbesserung und Neuer Weiblichkeit. Frankfurt a.M. 1986

Gissrau, Barbara: Sigmund Freud über weibliche Homosexualität. In: Rüdiger Lautmann (Hg.): Homosexualität. Handbuch der Theorie- und Forschungsgeschichte. Frankfurt a.M./New York 1993, S. 168-172

Grossmann, Atina: Die "Neue Frau" und die Rationalisierung der Sexualität in der Weimarer Repulik. In: Ann Snitow/ Christine Stansell/ Sharon Thompson (Hg.): Die Politik des Begehrens. Sexualität, Pornographie und neuer Puritanismus in den USA. Berlin 1985, S. 38-62

Hacker, Hanna: Frauen und Freundinnen. Studien zur "weiblichen Homosexualität" am Beispiel Österreich 1870-1938. Weinheim/Basel 1987

dies.: Männliche Autoren der Sexualwissenschaft über weibliche Homosexualität (1870-1930). In: Rüdiger Lautmann (Hg.): Homosexualität. Handbuch der Theorie- und Forschungsgeschichte. Frankfurt a.M./New York 1993, S. 134-140

Hänsch, Ulrike: Von der Strafe zum Schweigen: Aspekte lesbischer Geschichte. In: beiträge zur feministischen theorie und praxis 12 (1989), Bd. 25/26, S. 11-17

Hark, Sabine: Einsätze im Feld der Macht. Lesbische Identitäten in der Matrix der Heterosexualität. In: L'Homme. Zeitschrift für feministische Geschichtswissenschaft 4 (1993), Heft 1, S. 9-17

Herzer, Manfred: Verzeichnis des deutschsprachigen nichtbelletristischen Schrifttums zur weiblichen und männlichen Homosexualität aus den Jahren 1466 bis 1975. Berlin 1982

Hoffschildt, Rainer: Olivia. Die bisher geheime Geschichte des Tabus Homosexualität und der Verfolgung der Homosexuellen in Hannover. Hannover 1992

Hutter, Jörg: Die gesellschaftliche Kontrolle des homosexuellen Begehrens. Medizinische Definitionen und juristische Sanktionen im 19. Jahrhundert. Frankfurt a.M./New York 1992

ders.: Carl Friedrich Otto Westphal. In: Rüdiger Lautmann (Hg.): Homosexualität. Handbuch der Theorie- und Forschungsgeschungsgeschichte. Frankfurt a.M./New York 1993, S. 39-41

Kokula, Ilse: Formen lesbischer Subkultur. Vergesellschaftung und soziale Bewegung. Berlin 1983 = Sozialwissenschaftliche Studien zur Homosexualität Bd. 3

dies.: Lesbisch leben von Weimar bis zur Nachkriegszeit. In: Berlin-Museum (Hg.): Eldorado. Homosexuelle Frauen und Männer in Berlin 1850-1950. Geschichte, Alltag und Kultur. Berlin 1984, S. 149-161

dies.: Jahre des Glücks, Jahre des Leids. Gespräche mit älteren lesbischen Frauen. Kiel 1986

Kolb, Eberhard: Die Weimarer Republik. München ^{3}1993

Krettmann, Ulrike: Johanna Elberskirchen. In: Rüdiger Lautmann (Hg.): Homosexualität. Handbuch der Theorie- und Forschungsgeschichte. Frankfurt a.M./New York 1993, S. 111-116

Lauritsen, John und David Thorstad: Die frühe Homosexuellenbewegung 1864-1935. Hamburg 1984

Lesbian History Group: ... und sie liebten sich doch! Lesbische Frauen in der Geschichte 1840-1985. Göttingen 1991

Lindemann, Gesa: Magnus Hirschfeld. In: Rüdiger Lautmann (Hg.): Homosexualität. Handbuch der Theorie- und Forschungsgeschichte. Frankfurt a.M./New York 1993, S. 91-104

Lützen, Karin: Was das Herz begehrt. Liebe und Freundschaft zwischen Frauen. Hamburg 1990

Maase, Kaspar: Grenzenloses Vergnügen. Der Aufstieg der Massenkultur 1850-1970. Frankfurt a.M. 1997

Meyer, Adele (Hg.): Lila Nächte. Die Damenklubs der zwanziger Jahre. Köln 1981

Philipps, Anna: Um Ehre und Recht. Mein Kampf gegen das Provinzial-Schulkollegium Hannover und das Ministerium für Wissenschaft, Kunst und Volksbildung. Berlin 1931

Plötz, Kirsten: Ignoriert, pathologisiert, verachtet. Lesbische Liebe im Meinungsaustausch der fünfziger Jahre. In: Ariadne Heft 29, Mai 1996, S. 52-56

dies.: Bubis und Damen in den Zwanziger Jahren. In: Stephanie Kuhnen (Hg.): Butch / Femme. Eine erotische Kultur. Berlin 1997, S. 35-47 dies.: Über "Artgenossinnen" und andere Aneignungen sexualwissenschaftlicher Modelle weiblicher Homosexualität während der Zwanziger Jahre in der "Provinz". In: Verqueere Wissenschaft? Herausgegeben von Ursula Ferdinand, Rainer Herrn, Andres Pretzel und Andreas Seek für die Magnus Hirschfeld-Gesellschaft, im Druck

Roellig, Ruth Margarete: Lesbierinnen und Transvestiten. In: Agnes Eszterhazy (Hg.): Das lasterhafte Weib. Bekenntnisse und Bilddokumente zu den Steigerungen und Aberrationen im weiblichen Triebleben. Psychologie und Pathologie der sexuellen Ab- und Irrwege des Weibes. Wien/Leipzig 1930, S. 67-81

Schlierkamp, Petra: Die Garconne. In: Berlin-Museum (Hg.): Eldorado. Homosexuelle Frauen und Männer in Berlin 1850-1950. Geschichte, Alltag und Kultur. Berlin 1984, S. 169-179

Schoppmann, Claudia: Der Skorpion. Frauenliebe in der Weimarer Republik. Berlin 1985

dies.: Nationalsozialistische Sexualpolitik und weibliche Homosexualität. Pfaffenweiler 1991 = Frauen in Geschichte und Gesellschaft Bd. 30

Schroeder, Hiltrud (Hg.): Sophie & Co. Bedeutende Frauen Hannovers. Hannover 1991

Schwarz, Gudrun: "Mannweiber" in Männertheorien. In: Karin Hausen (Hg.): Frauen suchen ihre Geschichte. München 1983, S. 62-80

Sillge, Ursula: Frauen im Wissenschaftlich-humanitären Komitee. In: Rüdiger Lautmann (Hg.): Homosexualität. Handbuch der Theorie- und Forschungsgeschichte. Frankfurt a.M./New York 1993, S. 124-126

Till, Wolfgang: Die Schule Freuds. In: Rüdiger Lautmann (Hg.): Homosexualität. Handbuch der Theorie- und Forschungsgeschichte. Frankfurt a.M./New York 1993, S. 173-180

Vogel, Katharina: Zum Selbstverständnis lesbischer Frauen in der Weimarer Republik. Eine Analyse der Zeitschrift "Die Freundin" 1924-1933. In: Berlin-Museum (Hg.): Eldorado. Homosexuelle Frauen und Männer in Berlin 1850-1950. Geschichte, Alltag und Kultur. Berlin 1984, S. 162-168

Sachbücher bei
MÄNNERSCHWARM SKRIPT

Martin Dannecker:
Vorwiegend homosexuell
Aufsätze, Kommentare, Reden

Seit über 25 Jahren verbindet Martin Dannecker wissenschaftlichen Forschergeist mit schwulenpolitischem Engagement. Der Band versammelt Aufsätze, Kommentare und Reden aus den Jahren 1988 bis 1996: Positionsbestimmungen zwischen Freud und Foucault, Arbeiten zum Thema Aids und politische Zwischenrufe.

184 Seiten, ISBN 3-928983-50-4

Detlef Grumbach (Hrsg.):
Die Linke und das Laster
Schwule Emanzipation und linke Vorurteile

An ausgewählten Punkten gehen die Autoren dem widersprüchlichen Verhältnis zwischen Homosexuellenbewegungen und den linken Parteien nach - von der Reichsgründung bis zur deutschen Vereinigung.

188 Seiten, ISBN 3-928983-30-X

Detlef Grumbach (Hrsg.):
Was heißt hier schwul?
Politik und Identitäten im Wandel

Einen Rückblick auf *100 Jahre Schwulenbewegung* präsentierte die große Ausstellung *Goodbye to Berlin?* im Sommer 1997 in Berlin. *Schöne schwule Welt* (1997) - die Streitschrift Werner Hinzpeters hat im selben Jahr eine Debatte über den Stand von Emanzipation und Integration der Schwulen in Deutschland ausgelöst. Aber was heißt hier schwul?

168 Seiten, ISBN 3-928983-54-7

Sachbücher bei MÄNNERSCHWARM SKRIPT

Frieder Hentzelt:
Häßliche Entlein. Die vorschwule Phase.
Eine psychologische Untersuchung

Wie erinnern sich schwule Männer an ihr Leben vor dem Coming out? Theoretische Überlegungen und Gespräche mit sechs Männern zeigen die ungebrochene Kraft der gesellschaftlichen Vorurteile, aber auch das Bedürfnis der Individuen, ihre Biographie über den Einschnitt des Coming out als fortlaufenden Prozeß zu beschrieben

200 Seiten, ISBN 3-928983-22-9

Rüdiger Lautmann:
Der Homosexuelle und sein Publikum
Ein Spagat zwischen Wissenschaft und Subkultur

Seit über zwanzig Jahren bewegt sich Rüdiger Lautmann im Spannungsfeld zwischen Wissenschaftsbetrieb, Politik und Schwulenbewegung. Wortmeldungen aus diesem Zeitraum werden dokumentiert und aus heutiger Sicht eingeordnet.

192 Seiten, ISBN 3-928983-34-2

Harald Rimmele:
Schwule Biedermänner
Die Karriere der „schwulen Ehe" als Forderung der Schwulenbewegung

Am Beispiel ihrer Forderungen und Positionen zur „schwulen Ehe" wird in dieser soziologischen Arbeit gezeigt, wie sich die Standpunkte einer Emanzipationsbewegung im Dialog mit der Gesellschaft, vor allem vermittelt über die Medien, entwickeln.

142 Seiten, ISBN 3-928983-10-5

Sachbücher bei MÄNNERSCHWARM SKRIPT

**Christian Schulz:
Paragraph 175. (abgewickelt)
Homosexualität und Strafrecht
im Nachkriegsdeutschland**

Die vorliegende Arbeit stellt die Entwicklung des § 175 StGB zwischen 1945 und 1994, also bis zu seiner endgültigen Streichung, dar. Sie berücksichtigt die Verhältnisse in der BRD und in der DDR und wird ergänzt um einen Essay von Michael Sartorius über die versäumte Wiedergutmachung homosexueller Opfer des Nationalsozialismus.

128 Seiten, ISBN 3-928983-24-5